2017
Verlag Podszun-Motorbücher GmbH
Elisabethstraße 23-25, D-59929 Brilon
Herstellung Druckhaus Cramer, Greven
Internet: www.podszun-verlag.de
Email: info@podszun-verlag.de

ISBN 978-3-86133-838-3

Für die Richtigkeit von Informationen, Daten und Fakten kann keine Gewähr oder Haftung übernommen werden.
Die Abbildungen und Texte dieses Buches sind urheberrechtlich geschützt. Es ist daher nicht gestattet, diese zu scannen, in PCs oder auf CDs zu speichern oder im Internet zu veröffentlichen.

# Oldtimer Flugzeuge

Frank Mühlberg

# Inhalt

| | |
|---|---|
| Vorwort | 5 |
| Aermacchi MB-326E | 6 |
| Aero Ae-45 | 8 |
| Antonow An-2 | 10 |
| Avro Anson | 12 |
| Avro Lancaster | 14 |
| Avro Vulcan | 16 |
| Beechcraft 18 Twin Beech | 18 |
| Beechcraft D17S Staggerwing | 19 |
| Beechcraft V35 Bonanza | 20 |
| Blériot XI | 22 |
| Boeing B-17 | 24 |
| Boeing Stearman | 26 |
| Bücker Bü 131 Jungmann | 30 |
| Bücker Bü 133 Jungmeister | 33 |
| Cessna O-2A Super Skymaster | 34 |
| Chance Vought F4U-4 Corsair | 36 |
| Consolidated PBY Catalina | 38 |
| Curtiss P-40 Warhawk | 40 |
| Dassault Flamant | 42 |
| De Havilland DH-82 Tiger Moth | 44 |
| De Havilland DH-84 Dragon | 46 |
| De Havilland DH-89 Dragon Rapide | 48 |
| De Havilland DH-104 Dove | 50 |
| Dornier Do-24 ATT Amphibian | 51 |
| Douglas AD (A-1) Skyraider | 54 |
| Douglas DC-2 | 58 |
| Douglas DC-3 (C-47 Skytrain) | 60 |
| Douglas DC-6B | 61 |
| F+W C-3605 | 62 |
| Fieseler Fi 156 Storch | 64 |
| Focke-Wulf Fw 44 Stieglitz | 66 |
| Focke-Wulf Fw 190 | 70 |
| Fokker DR.I | 73 |
| Fokker E.III | 76 |
| Fouga CM-170 Magister | 78 |
| Gloster Meteor | 80 |
| Grumman TBM Avenger | 82 |
| Hawker Sea Fury FB.11 | 84 |
| Hawker Hurricane | 87 |
| Hispano HA-200 D Saeta | 90 |
| Jakowlew Jak-3 | 92 |
| Jakowlew Jak-9 | 93 |
| Jakowlew Jak-11 | 94 |
| Junkers Ju 52 | 96 |
| Klemm Kl 35 | 98 |
| Lissunow Li-2 | 99 |
| Lockheed P-38 Lightning | 100 |
| Messerschmitt Bf 109 | 102 |
| Messerschmitt Bf 108 Taifun | 104 |
| Messerschmitt Me 163 B1-A Komet | 106 |
| Messerschmitt Me 262 B1-A | 108 |
| Mikojan-Gurewitsch MiG-15 | 110 |
| Morane-Saulier MS.317 | 111 |
| Morane-Saulier MS.406 | 112 |
| Nord Noratlas 2501 | 113 |
| North American B-25 Mitchell | 115 |
| North American OV-10B Bronco | 117 |
| North American P-51D Mustang | 118 |
| North American T-6 Texan | 120 |
| North American T-28 | 124 |
| Platzer Kiebitz | 126 |
| Polikarpov I-16 | 128 |
| PZL-106 AR Kruk | 130 |
| Saab 91B Safir | 132 |
| Sikorsky S-38 | 133 |
| Stampe & Vertongen SV4 | 134 |
| Super Constellation | 136 |
| Supermarine Spitfire | 137 |
| Udet U-12 Flamingo | 141 |

# Vorwort

Seit mehr als 40 Jahren bin ich mit dem Virus Fotografie infiziert. Dabei sind Flugzeuge, speziell die Oldtimer unter ihnen, meine liebsten Motive. Wo immer sie zu sehen sind, bin ich dort, auf Flugtagen in Deutschland, aber ebenso in Österreich, der Schweiz, den Niederlanden, in Belgien und Frankreich. So hat sich im Lauf der Jahre die Anzahl auf mehr als 60 000 Bilder summiert.

Zwei in Frankfurt ansässige Fotoclubs werden von mir mehr oder weniger regelmäßig aufgesucht. In dem einen tauscht man sich in entspannter Atmosphäre über das Fotografieren im Allgemeinen aus und zeigt sich die neuesten Fotos. Der andere hingegen ist intensiv auf Wettbewerbsfotografie ausgelegt. So bilden beide Clubs eine optimale Ergänzung.

Mein Motto in Bezug auf das Fotografieren lautet: Meine Bilder sollen nur zwei Menschen gefallen – Dir und mir.

In diesem Sinn wünsche ich Ihnen viel Freude beim Betrachten der Aufnahmen.

Ihr Frank Mühlberg
Frankfurt, im Oktober 2017

# Aermacchi MB-326

Die Aermacchi MB-326 ist ein strahlgetriebenes, zweisitziges, leichtes Kampf- und Trainigsflugzeug der italienischen Luftwaffe. 1957 entstand zunächst der Prototyp I-MAKI mit einem Rolls-Royce Viper-8-Turbojet-Triebwerk mit 794 kp Standschub. Der zweite Prototyp I-MAHI war mit dem Viper-11 Triebwerk mit 1.134 kp Standschub ausgestattet. I-MAHI folgten 15 Vorserienflugzeuge, die von der italienischen Luftwaffe erprobt und für tauglich erklärt wurden. Daraufhin orderte die italienische Luftwaffe 100 Exemplare des Flugzeugs, die im Februar 1962 in Dienst gestellt wurden. In größerer Stückzahl wurde eine einsitzige Version der MB-326 als Lizenz in Südafrika gebaut. Die MB-326 wurde mehr als 20 Jahre lang gebaut und gilt als die erfolgreichste Maschine bei Aermacchi.

**HÖCHSTGESCHWINDIGKEIT** → 890 km/h in 1.525 m Höhe
**LÄNGE** → 10,67 m  **HÖHE** → 3,72 m  **SPANNWEITE** → 10,85 m
**LEERGEWICHT** → 2.618 kg  **MAXIMALES STARTGEWICHT** → 3.765 kg
**REICHWEITE** → 1.665 km, mit Zusatztanks 1.850 km

Oldtimer Flugzeuge  7

# Aero Ae-45

Die Aero Ae-45 ist ein leichtes Reiseflugzeug aus der Tschechoslowakei, ausgestattet mit zwei luftgekühlten 4-Zylinder-Reihenmotoren Walter Minor 4-III. Der Tiefdecker in Ganzmetall-Halbschalenbauweise hat dreiteilige Tragflächen, das Leitwerk ist freitragend ausgeführt. Die Ruder sind stoffbespannt. Der erste Prototyp startete im Juli 1947, der zweite im März 1948. Die Erprobungsphase verlief erfolgreich und bis 1951 wurden 200 Maschinen gebaut, die in der Tschechoslowakei, DDR, Schweiz, UdSSR, Italien und Ungarn eingesetzt wurden. Unter der Bezeichnung K-75 flog die Ae-45 auch für die Luftstreitkräfte der Tschechoslowakei. Insgesamt wurden von der Aero AE-45 von 1949 bis 1963 knapp 600 Stück gebaut.

**HÖCHSTGESCHWINDIGKEIT** → 265 km/h
**LÄNGE** → 7,54 m  **HÖHE** → 2,35 m  **SPANNWEITE** → 12,25 m
**LEERGEWICHT** → 960 kg  **MAXIMALES STARTGEWICHT** → 1.600 kg
**REICHWEITE** → 1.350 km

Oldtimer Flugzeuge 9

# Antonow An-2

Die Antonow An-2 ist der größte Doppeldecker der Welt. Auf Flugtagen wird die Mehrzweckmaschine, die für militärische und zivile Zwecke eingesetzt wurde, heute gerne für Rundflüge genutzt. Der Erstflug der in der UdSSR entwickelten An-2 datiert auf den 31. August 1947. Angetrieben wird die An-2 durch einen Shvetson ASh-621-R 9-Zylinder Sternmotor mit 1000 PS. Berücksichtigt man die zahlreichen Untertypen, wurden von diesem Flugzeug einschließlich der seit 1960 in Polen und China unter Lizenz gebauten Maschinen rund 17 000 Exemplare hergestellt.

HÖCHSTGESCHWINDIGKEIT→ 258 km/h in 1.750 m Höhe
LÄNGE→ 12,74 m  HÖHE→ 4,13 m  SPANNWEITE→ 18,18 m oben, 14,24 m unten
LEERGEWICHT→ 3.450 kg  MAXIMALES STARTGEWICHT→ 5.500 kg
REICHWEITE→ 1.390 km

Oldtimer Flugzeuge

# Avro Anson

Dieser britische Tiefdecker wurde als Verkehrsflugzeug, Aufklärungsflugzeug und Schulflugzeug ab 1934 eingesetzt. Zwei luftgekühlte 7-Zylinder-Sternmotoren Armstrong Siddeley Cheetah IX mit je 305 PS sorgen für den Antrieb. Der erste Prototyp der zivilen Version startete 1934, die militärische Variante debütierte ein Jahr später, die Serienfertigung begann 1936. Das Fahrwerk war teilweise in die Motorgondeln einziehbar und hatte ein festes Spornrad. Die Besatzung der Anson variierte zwischen zwei und sechs Personen. Gebaut wurden von der Anson in Großbritannien und Kanada bis 1952 insgesamt 11 020 Exemplare.

**HÖCHSTGESCHWINDIGKEIT** → 301 km/h in 2.140 m Höhe
**LÄNGE** → 12,88 m  **SPANNWEITE** → 17,27 m
**LEERGEWICHT** → 2.440 kg  **MAXIMALES STARTGEWICHT** → 3.640 kg
**REICHWEITE** → 1.265 km

# Avro Lancaster

Die Avro Lancaster war der populärste britische viermotorige Bomber des Zweiten Weltkriegs. Ausgerüstet ist die 16.705 kg schwere und für sieben Besatzungsmitglieder vorgesehene Maschine mit vier Rolls-Royce Merlin XX Motoren mit jeweils 1.280 PS. Der Erstflug erfolgte im Januar 1941. Bekannt wurde die Lancaster durch die Versenkung des letzten deutschen Schlachtschiffes, der Tirpitz, sowie durch die Zerstörung der Möhne- und Edertalsperre. Gebaut wurden von der Lancaster bis 1946 über 7.300 Maschinen in unterschiedlichen Versionen. Damit hatte sie die höchste Produktionszahl aller viermotorigen Flugzeuge in Großbritannien.

**HÖCHSTGESCHWINDIGKEIT** → 448 km/h in 5.600 m Höhe
**LÄNGE** → 21,18 m  **HÖHE** → 5,97 m  **SPANNWEITE** → 31,09 m
**LEERGEWICHT** → 16.705 kg  **MAXIMALES STARTGEWICHT** → 31.750 kg
**REICHWEITE** → 2.675 km

Oldtimer Flugzeuge 15

# Avro Vulcan

Die Avro Vulcan ist ein vierstrahliger britischer Bomber aus der Zeit des Kalten Krieges. Antrieb: Vier Turbojet-Strahltriebwerke Rolls-Royce Olympus Mk301 mit je 88,9 kN Schub. In die großen Deltatragflächen, die die außergewöhnliche Reichweite von 7.400 km und die maximale Startmasse von 90.800 kg maßgeblich mit bewirken, sind die Strahltriebwerke integriert. Die Flügelfläche beträgt 368,20 m². Der erste Prototyp des für fünf Besatzungsmitglieder ausgelegten Flugzeugs startete am 30. August 1952, die Serienfertigung begann 1955. Im Verlauf ihrer Bauzeit bis 1965 wurde die Vulcan mehrmals mit stärkeren Triebwerken und modernen ECM-Systemen ausgestattet. Ihren einzigen Kriegseinsatz führten mehrere Vulcan Bomber im Jahr 1982 gegen die von Argentinien besetzten Falkland-Inseln durch. Von dem strategischen Bomber wurden 136 Exemplare gebaut.

**HÖCHSTGESCHWINDIGKEIT** → 1.038 km/h in 12.000 m Höhe
**LÄNGE** → 30,40 m  **HÖHE** → 8,20 m  **SPANNWEITE** → 33,80 m
**MAXIMALES STARTGEWICHT** → 90.800 kg
**REICHWEITE** → 7.400 km

Oldtimer Flugzeuge 17

# Beechcraft 18 Twin Beech

Beechcraft 18 Twin Beech ist ein zweimotoriger Tiefdecker des nordamerikanischen Herstellers Beech Aircraft, der von 1937 bis 1969 in einer Auflage von mehr als 9000 Stück in unterschiedlichen Varianten gebaut wurde. Die zwei Pratt & Whitney R-985-AN-1 Wasp Junior Sternmotoren des Mehrzweck Transportflugzeugs leisten jeweils 450 PS.

**HÖCHSTGESCHWINDIGKEIT** → 360 km/h
**LÄNGE** → 10,41 m **HÖHE** → 2,95 m **SPANNWEITE** → 14,53 m
**MAXIMALES STARTGEWICHT** → 3.959 kg
**REICHWEITE** → 1.900 km

# Beechcraft D17S Staggerwing

Die Staggerwing ist ein Doppeldecker mit einem Pratt & Whitney R-985-AN-4 Wasp-Junior-Sternmotor mit 450 PS. Bekannt ist die Personentransportmaschine durch die Anordnung ihrer Tragflächen: anders als bei den meisten Doppeldeckern liegt die untere Fläche vor der oberen. Hergestellt wurden von 1932 bis 1948 insgeamt 785 Exemplare.

**HÖCHSTGESCHWINDIGKEIT →** 341 km/h
**LÄNGE →** 8,15 m **HÖHE →** 2,44 m **SPANNWEITE →** 9,75 m
**LEERGEWICHT →** 1.270 kg **MAXIMALES STARTGEWICHT →** 1.928 kg
**REICHWEITE →** 1.609 km

# Beechcraft V35 Bonanza

Als Prototyp startete die Bonanza im Dezember 1945 den Erstflug. Diese erste Version ist mit einem V-Leitwerk, einem hydraulisch einziehbaren Bugradfahrwerk und einem Sechszylinder-Boxermotor von Continental Motors mit 185 PS ausgerüstet. Im Verlauf der vielen Baujahre – bis heute – wurde die Bonanza selbstverständlich stetig verbessert und verstärkt. Dieses Geschäfts- und Reiseflugzeug, von dem bisher mehr als 17 000 Exemplare verkauft wurden, ist eines der am häufigsten und längsten gebauten Flugzeuge überhaupt. Es kann vier bis fünf Personen transportieren.

HÖCHSTGESCHWINDIGKEIT → 326 km/h
LÄNGE → 7,65 m  SPANNWEITE → 10,00 m
LEERGEWICHT → 707 kg  MAXIMALES STARTGEWICHT → 1.157 kg
REICHWEITE → 1.295 km

# Blériot XI

Bereits 1908 entwarf der französische Luftfahrtpionier Louis Blériot die Blériot XI, sein erfolgreichstes Sportflugzeug. Im Dezember 1908 präsentierte er den Eindecker auf der Luftfahrtausstellung in Paris. Im Januar 1909 fand der Erstflug statt und im Juli 1909 überquerte Louis Blériot als erster den Ärmelkanal mit seiner Maschine, womit er Weltruhm errang. Von der XI, die mit einem 25 PS starken Anzani Dreizylinder-Halbstern-Motor ausgestattet war, sollen etwa 800 Stück verkauft worden sein. Die älteste noch fliegende Blériot wird von dem Schweden Mikael Carlson geflogen.

HÖCHSTGESCHWINDIGKEIT → 74 km/h
LÄNGE → 8,45 m  HÖHE → 2,50 m  SPANNWEITE → 10,25 m
LEERGEWICHT → 349 kg  MAXIMALES STARTGEWICHT → 625 kg
FLUGDAUER → Dreieinhalb Stunden

Oldtimer Flugzeuge

# Boeing B-17

Fliegende Festung: Die B-17 war der bekannteste schwere Bomber des strategischen Bomberkommandos der USA im Zweiten Weltkrieg. Sie zeichnete sich durch stabile Flugeigenschaften bei erheblichen Beschädigungen aus. Für den Antrieb sind vier Wright R-1820-51-Sternmotoren mit je 1000 PS zuständig. Die Maschine kann bis zu zehn Besatzungsmitglieder aufnehmen, die in großen Höhen eine Sauerstoffmaske, Kopfhörer und Kehlkopfmikrofon für das Bordsprechgerät trugen. Der Erstflug fand im Juli 1935 statt, gebaut wurden zwischen 1936 und 1945 mehr als 12 700 Exemplare.

HÖCHSTGESCHWINDIGKEIT → 485 km/h
LÄNGE → 22,80 m  HÖHE → 5,85 m  SPANNWEITE → 31,63 m
LEERGEWICHT → 14.855 kg  MAXIMALES STARTGEWICHT → 29.700 kg
REICHWEITE → 2.897 km

# Boeing Stearman

Mehr als 8500 Exemplare wurden von diesem Doppeldecker von 1934 bis 1944 gebaut, der als Schulflugzeug eingesetzt wurde. Die Maschinen wurden nach dem Zweiten Weltkrieg noch als Sprühflugzeuge für die Landwirtschaft genutzt. Heute sieht man sie häufig auf Flugshows. Der Motor ist ein Continental R-670 mit 220 PS.

**HÖCHSTGESCHWINDIGKEIT** → 200 km/h
**LÄNGE** → 7,63 m  **HÖHE** → 2,80 m  **SPANNWEITE** → 9,80 m
**LEERGEWICHT** → 880 kg  **MAXIMALES STARTGEWICHT** → 1.230 kg
**REICHWEITE** → 480 km

Oldtimer Flugzeuge

Boeing Stearman bei einem Formationsflug

# Bücker Bü 131 Jungmann

Die Bücker Bü 131 Jungmann flog zum ersten Mal im April 1934 und wurde als zweisitziges Schulflugzeug bei Flugschulen und bei der Luftwaffe eingesetzt. Es ist das erste Flugzeug von Bücker, die Bauzeit endete 1968, nachdem in Deutschland etwa 3.000 Stück hergestellt worden waren. Insgesamt, inklusive Lizenzbauten, wurden etwa 5.000 Bü 131 produziert. Der 105 PS starke Reihenmotor ist ein Hirth HM 504A-2. Die Bücker Doppeldecker stehen noch heute bei Oldtimer-Liebhabern hoch im Kurs.

HÖCHSTGESCHWINDIGKEIT → 183 km/h
LÄNGE → 6,62 m  HÖHE → 2,25 m  SPANNWEITE → 7,40 m
LEERGEWICHT → 390 kg  MAXIMALES STARTGEWICHT → 680 kg
REICHWEITE → 650 km

Aus dem Baujahr 2012 ist der Bü 131 Jungmann Nachbau

# Bücker Bü 133 Jungmeister

Die Jungmeister galt lange Zeit als das beste einsitzige Kunstflugzeug der Welt, sie wurde auch zur Luftkampfschulung eingesetzt. Es handelte sich um eine kleinere aber stärker motorisierte Weiterentwicklung des Bücker Bü 131-Doppeldeckers. Der Erstflug fand statt im August 1935, gebaut wurden rund 280 Exemplare. Geliefert wurde die Jungmeister mit einem Hirth HM Reihenmotor mit 135 PS als Bü 133 A und mit einem Hirth HM Reihenmotor mit 160 PS als Bü 133 B. 1937 kam die Bü 133 C mit verkürztem Rumpf auf den Markt, die mit dem 160 PS Siemens-Halske Sh 14A-4 Sternmotor ausgerüstet war.

**HÖCHSTGESCHWINDIGKEIT** → 220 km/h
**LÄNGE** → 6,00 m  **HÖHE** → 2,20 m  **SPANNWEITE** → 6,60 m
**LEERGEWICHT** → 425 kg  **MAXIMALES STARTGEWICHT** → 585 kg
**REICHWEITE** → 1500 km

Oldtimer Flugzeuge

# Cessna O-2A Super Skymaster

Die Cessna Skymaster wurde wegen ihre Motoranordnung auch Push-Pull genannt. Aufgrund der heutigen Emissionsschutzbestimmungen in Deutschland ist die Skymaster wegen ihrer beträchtlichen Lärmentwicklung nur noch begrenzt einsetzbar. Bei der O-2A Skymaster handelt sich um die militärische Variante des propellergetriebenen Schulterdeckers der Cessna Aircraft Company (USA). Der Erstflug startete im Januar 1967 und die Auslieferung begann bereits im März 1967. Für den Antrieb sorgten zwei Kolbenmotoren Continental IO-360-GB mit jeweils 210 PS. Die Produktion des Sechssitzers endete im Juni 1970, nachdem 532 Exemplare der O-2 Skymaster für die USAF gebaut worden waren.

HÖCHSTGESCHWINDIGKEIT → 320 km/h in Meereshöhe
LÄNGE → 9,07 m  HÖHE → 2,84 m  SPANNWEITE → 11,58 m
LEERGEWICHT → 1.200 kg  MAXIMALES STARTGEWICHT → 2.000 kg
REICHWEITE → 1.550 km

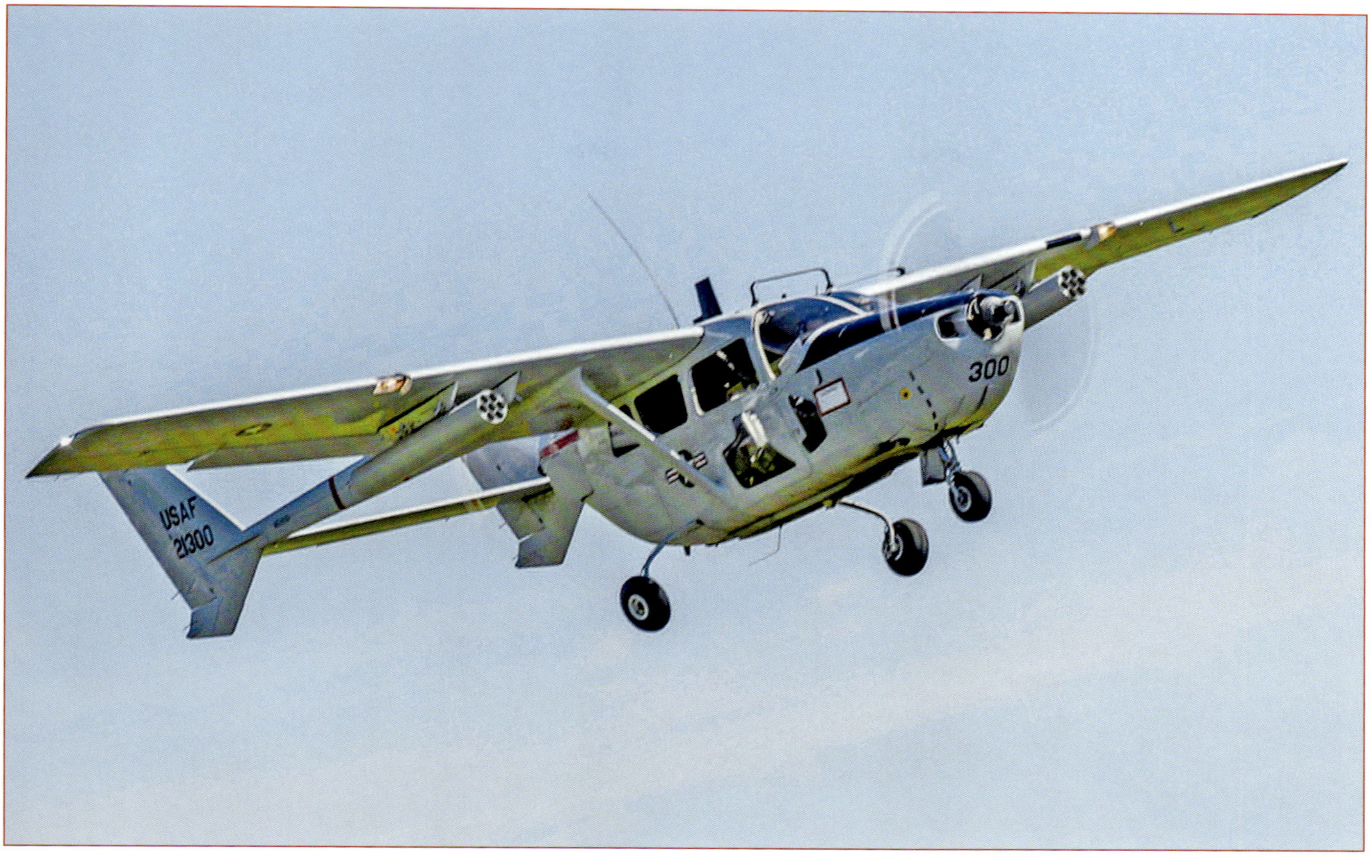
USAF
21300
300

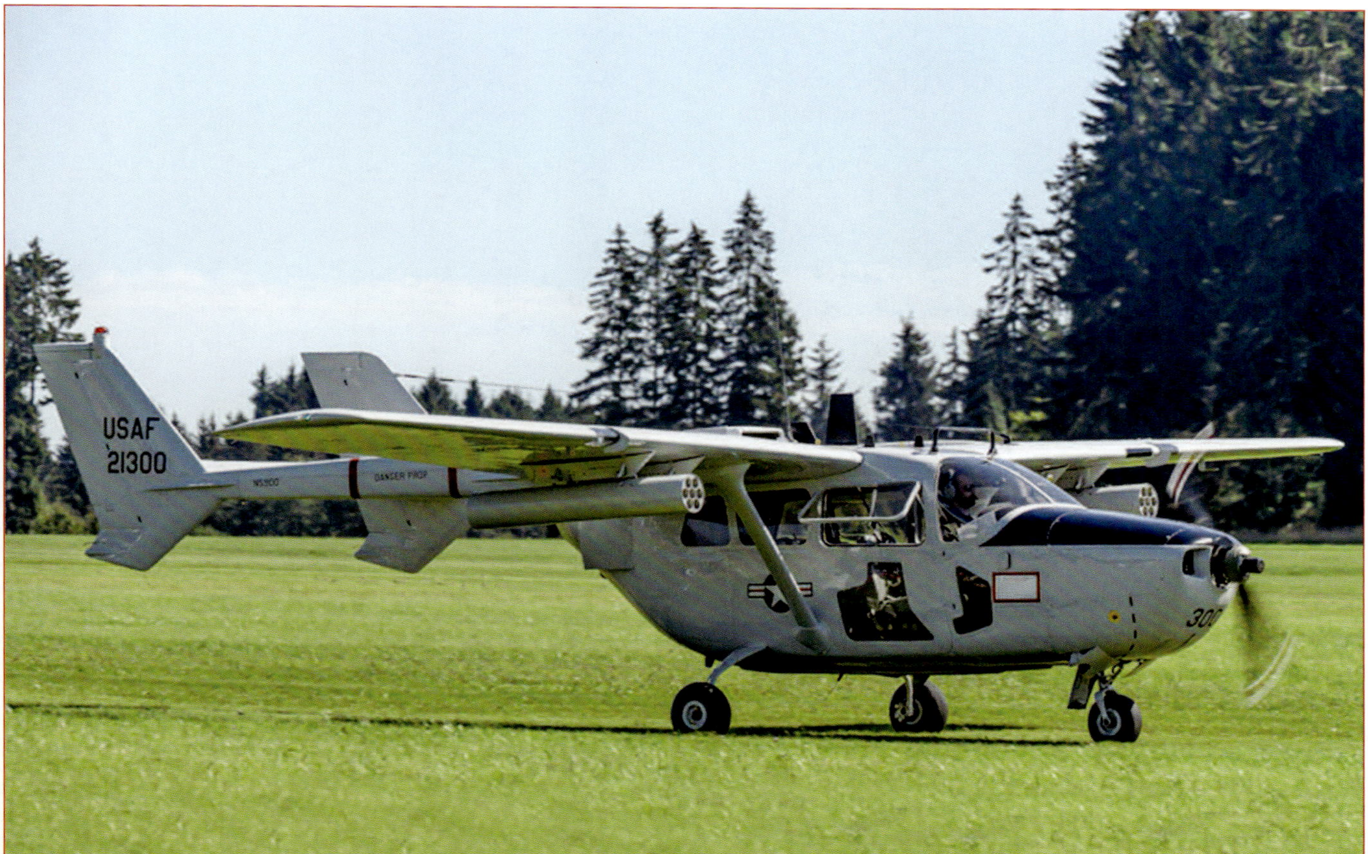
USAF
21300

# Chance Vought F4U-4 Corsair

Die Corsair, auch der „Pfeifende Tod" genannt, wurde von der US-Marine im Zweiten Weltkrieg und im Koreakrieg als Jagdflugzeug und Jagdbomber eingesetzt. Die F4U-4 ist die zweite Hauptserienversion der Corsair, deren Prototyp im April 1944 erstmals startete. Die US-Marine erhielt die ersten Exemplare des flugzeugträgertauglichen Bombers im Oktober 1944. Das Triebwerk ist ein Pratt & Whitney Doppelsternmotor R 2800 18W mit 2.130 PS. Gebaut wurden von der F4U-4 bis 1947 2.357 Exemplare, von der Corsair aller Versionen insgesamt 12.500 Stück.

HÖCHSTGESCHWINDIGKEIT → 714 km/h
LÄNGE → 10,26 m  SPANNWEITE → 12,48 m
MAXIMALES STARTGEWICHT → 6.654 kg

Oldtimer Flugzeuge

# Consolidated PBY Catalina

Die Catalina ist ein Flugboot beziehungsweise Amphibienflugzeug, bei dem der Übergang Rumpf/Fläche über eine Rumpfmittelkonsole erfolgt. An der Konsole ist der als Hochdecker befestigte Tragflügel mittels Doppelstreben beidseitig befestigt. Der sieben- bis neunsitzige Seeaufklärer des amerikanischen Herstellers Consolidated Aircraft wurde auch zur U-Bootbekämpfung und zu Such- und Rettungseinsätzen auf See benutzt. Angetrieben wird die Catalina von zwei Pratt & Whitney R-1830-92-Sternmotoren mit je 1.200 PS. Von 1936 bis 1945 wurden insgesamt 3.272 Exemplare hergestellt.

**HÖCHSTGESCHWINDIGKEIT** → 315 km/h
**LÄNGE** → 19,46 m **SPANNWEITE** → 31,70 m
**LEERGEWICHT** → 7.976 kg **MAXIMALES STARTGEWICHT** → 16.081 kg
**REICHWEITE** → 4.055 km

# Curtiss P-40 Warhawk

Die Warhawk ist der amerikanische Standardjäger zu Beginn des Zweiten Weltkriegs. Der einmotorige, einsitzige Tiefdecker der Curtiss-Wright Co. wurde auf allen Kriegsschauplätzen eingesetzt. Als Triebwerk dient der flüssigkeitsgekühlte V12 Motor Allison V-1710-81 mit 1.2017 PS. Der Erstflug des Jagdbombers erfolgte 1938, die Serienfertigung dauerte von 1939 bis 1944, in der die Warhawk mehr als 13.700 Mal produziert wurde.

**HÖCHSTGESCHWINDIGKEIT** → 560 km/h in 4940 m Höhe
**LÄNGE** → 10,19 m  **HÖHE** → 3,76 m  **SPANNWEITE** → 11,38 m
**LEERGEWICHT** → 2.815 kg  **FLUGGEWICHT** → 3.780 kg

Oldtimer Flugzeuge **41**

# Dassault Flamant

Die Dassault Flamant ist ein zweimotoriges Transportflugzeug des französischen Herstellers Dassault Aviation, das kurz nach dem Ende des Zweiten Weltkriegs für die französischen Luftstreitkräfte entwickelt wurde. Antrieb: zwei 12-Zylinder V-Motoren Renault 12S 02-201 mit je 588 PS. Der Erstflug datiert auf den 6. Juli 1947, ein Jahr später wurde die Maschine in Dienst gestellt. Bis 1953 wurden insgesamt etwa 345 Exemplare gebaut.

**HÖCHSTGESCHWINDIGKEIT** → 380 km/h
**LÄNGE** → 12,50 m  **HÖHE** → 4,50 m  **SPANNWEITE** → 20,70 m
**LEERGEWICHT** → 4.250 kg  **MAXIMALES STARTGEWICHT** → 5.800 kg
**REICHWEITE** → 1.200 km

Oldtimer Flugzeuge 43

# De Havilland DH-82 Tiger Moth

Die britische Tiger Moth flog zum ersten Mal 1931 und war ein weltweit eingesetztes einmotoriges Doppeldecker Schulungsflugzeug. Der luftgekühlte 4-Zylinder-Reihenmotor ist ein de Havilland Gipsy III mit 120 PS. Bis zum Ende des Zweiten Weltkriegs waren rund 7.000 Exemplare der zweisitzigen Tiger Moth gebaut worden, davon ca. 4.000 für die Royal Air Force.

**HÖCHSTGESCHWINDIGKEIT** → 174 km/h
**LÄNGE** → 7,34 m **HÖHE** → 2,68 m **SPANNWEITE** → 8,94 m
**LEERGEWICHT** → 488 kg **MAXIMALES STARTGEWICHT** → 829 kg
**REICHWEITE** → 480 km

# De Havilland DH-84 Dragon

Die DH-84 Dragon ist ein kleines zweimotoriges Transportflugzeug des britischen Herstellers Havilland Aircraft Company, das ab 1932 gebaut und 1933 in Dienst gestellt wurde. Der siebensitzige Doppeldecker wurde auch beim Militär als Transport- und Schulflugzeug eingesetzt. Die zwei Kolbenmotoren de Havilland Gipsy Major leisten jeweils 130 PS. Insgesamt sollen 202 Exemplare gebaut worden sein. Zum 50-jährigen Jubiläum kaufte Air Lingus einen Nachbau, der heute auf Flugtagen gezeigt wird.

**HÖCHSTGESCHWINDIGKEIT** → 167 km/h
**LÄNGE** → 10,52 m **HÖHE** → 3,10 m **SPANNWEITE** → 14,40 m
**LEERGEWICHT** → 1.040 kg **MAXIMALES STARTGEWICHT** → 1.900 kg
**REICHWEITE** → 830 km

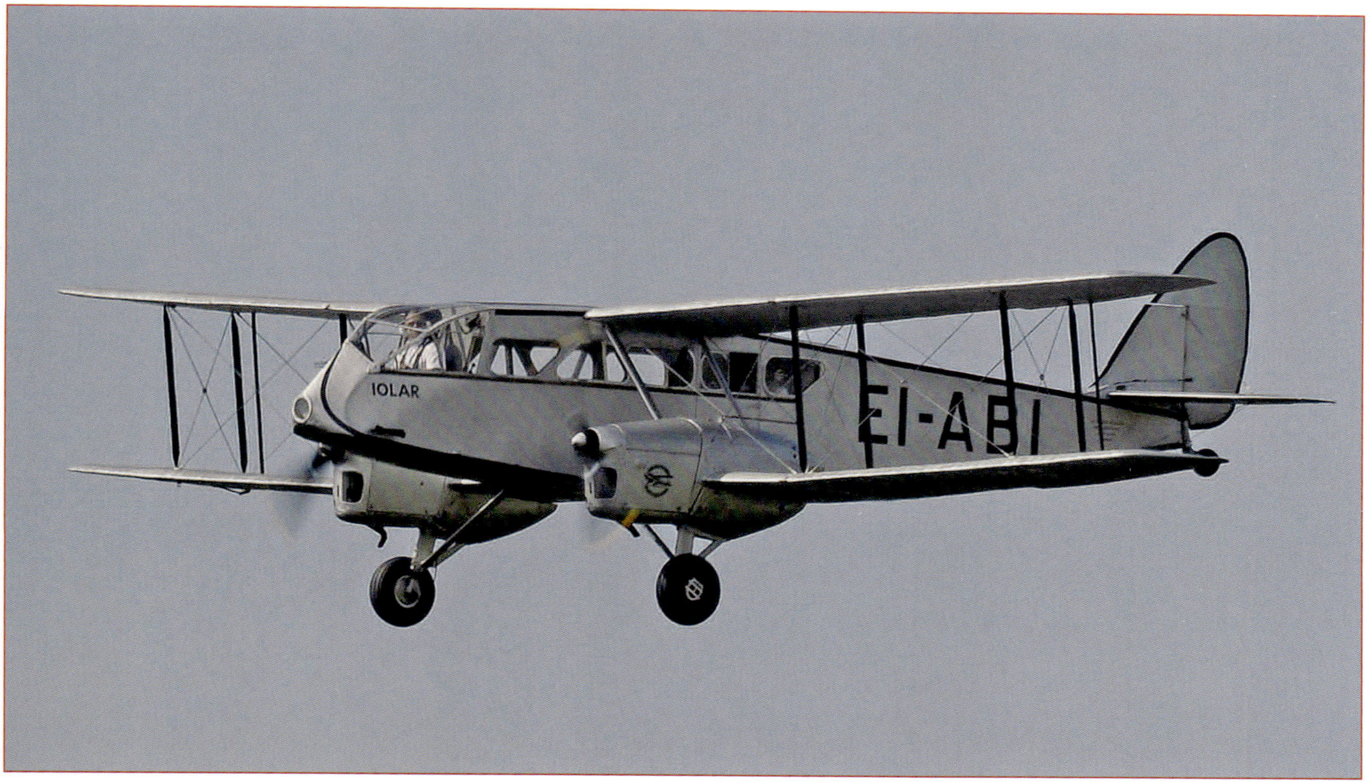
IOLAR
EI-ABI

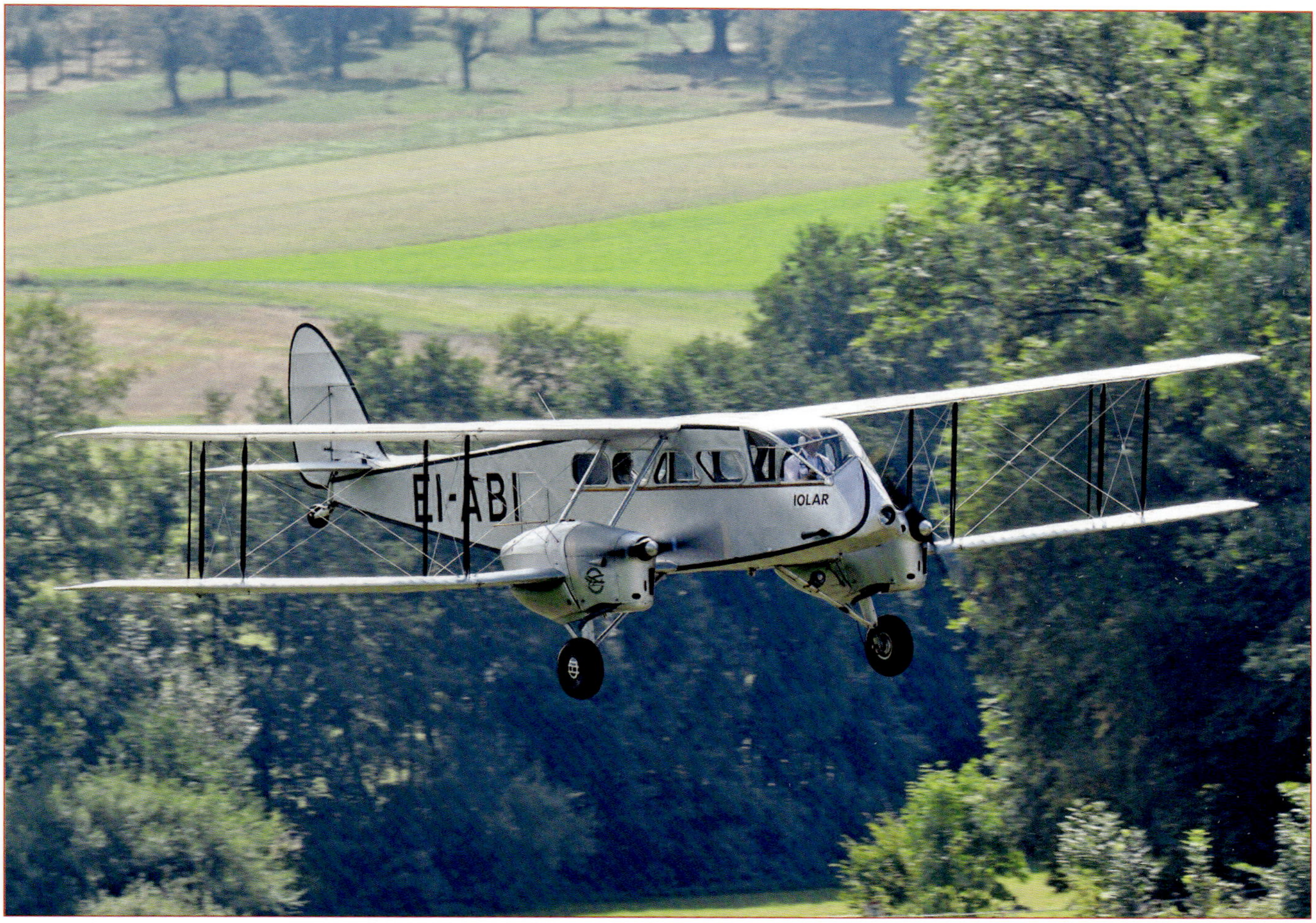
EI-ABI
IOLAR

# De Havilland DH-89 Dragon Rapide

Die Dragon Rapide war ein weltweit beliebtes Kurzstrecken-Passagierflugzeug, das ab 1934 eingesetzt wurde. Der zweimotorige Doppeldecker ist eine Weiterentwicklung der DH-84 Dragon, ausgestattet mit neuen 200 PS starken Sechszylindermotoren Gipsy Six. In der vergrößerten Kabine ist Platz für zwei Besatzungsmitglieder und acht Passagiere. Die Rapid wurde bis 1946 gebaut und erreichte eine Auflage von 731 Exemplaren. Rund 200 Exemplare davon wurden bis zum Kriegsausbruch für die zivile Luftfahrt gebaut, die anderen vorwiegend zu Aufklärungs- und Ausbildungszwecken für die Royal Air Force.

**HÖCHSTGESCHWINDIGKEIT** → 253 km/h in 300 m Höhe
**LÄNGE** → 10,52 m  **HÖHE** → 3,10 m  **SPANNWEITE** → 14,60 m
**LEERGEWICHT** → 1.460 kg  **FLUGGEWICHT** → 2.490 kg
**REICHWEITE** → 837 km

# De Havilland DH-104 Dove

Das Kurzstreckenflugzeug Dove, Nachfolger des Doppeldeckers Dragon Rapide, war ein großer Verkaufserfolg des britischen Herstellers De Havilland Aircraft Company. Die Maschine gehörte zum Flugzeugpark der englischen Königin und des Königs von Jordanien. Für den Antrieb sind zwei übersetzte, turbogeladene und luftgekühlte Sechszylinder-Reihenmotoren de Havilland Gipsy Queen mit jeweils 380 PS zuständig. Die Maschine kann zwei Besatzungsmitglieder sowie bis zu neun Passagiere aufnehmen. In den Jahren 1945 bis 1964 wurden über 520 Exemplare gefertigt.

HÖCHSTGESCHWINDIGKEIT → 325 km/h
LÄNGE → 11,96 m  HÖHE → 24,06 m  SPANNWEITE → 17,37 m
LEERGEWICHT → 2.600 kg  MAXIMALES STARTGEWICHT → 4.060 kg
REICHWEITE → 1.720 km

# Dornier Do-24ATT Amphibian

Die Do 24 wurde von 1937 bis 1947 gebaut. Im Jahr 1982 wurde eine Do 24 zur Do 24 ATT (Amphibischer Technologie Träger) umgebaut. Sie erhielt neue Tragflächen und ein einziehbares Landfahrgestell. Das Cockpit wurde überarbeitet. Der Rumpf stammte von einer 1944 gebauten Maschine. Die drei Turboprop-Triebwerke mit je 1.125 PS kamen von Pratt & Whitney. Sie sind in Gondeln über den Tragflächen untergebracht und treiben die Fünfblatt-Propeller an. Ziel des Umbaus, der vom Bundesministerium für Forschung und Technologie gefördert wurde, war der Nachweis der Hochseefähigkeit eines Amphibiums für Seenotrettung und Überwachung.

**REISEGESCHWINDIGKEIT** → 343 km/h
**LÄNGE** → 21,95 m **HÖHE** → 6,68 m auf Rädern **SPANNWEITE** → 30,00 m
**LEERGEWICHT** → 10.070 kg **STARTMASSE** → 14.000 kg von Land, 12.000 kg von Wasser

Oldtimer Flugzeuge

# Douglas AD (A-1) Skyraider

Die Skyraider ist ein amerikanischer Jagdbomber, der von 1945 bis 1972 im Einsatz war. Die Maschinen flogen unzählige Einsätze im Korea- und Vietnamkrieg. Die einmotorige und einsitzige Skyraider konnte auch von Flugzeugträgern aus eingesetzt werden. Der Sternmotor R-3350-268 Duplex Cyclone von Wright leistet 2.800 PS. Die Skyraider wurde in sieben Versionen mit einer Menge von Abwandlungen hergestellt. Insgesamt beläuft sich die Produktion auf 3.180 Exemplare.

HÖCHSTGESCHWINDIGKEIT → 515 km/h
LÄNGE → 11,84 m  HÖHE → 4,78 m  SPANNWEITE → 15,47 m
LEERGEWICHT → 4.785 kg  MAXIMALES STARTGEWICHT → 11.340 kg
REICHWEITE → 1.448 km

# Douglas DC-2

Die Douglas DC-2 ist ein zweimotoriges Verkehrsflugzeug für 14 Passagiere und zwei bis drei Besatzungsmitglieder. Sie sollte als Konkurrenz zur Boeing 247 antreten. Ab 1936 wurde mit der DC-3 eine vergrößerte Version angeboten, die eines der erfolgreichsten Flugzeuge der Welt wurde. Die DC-2 ist mit zwei Neunzylinder-Sternmotoren Wright SGR-1820-F52 Cyclone mit jeweils 887 PS ausgestattet.

**HÖCHSTGESCHWINDIGKEIT** → 338 km/h
**LÄNGE** → 18,89 m  **HÖHE** → 4,97 m  **SPANNWEITE** → 25,91 m
**LEERGEWICHT** → 5.650 kg  **MAXIMALES STARTGEWICHT** → 8.419 kg
**REICHWEITE** → 1.750 km

UIVER
K-L-M
GOODYEAR

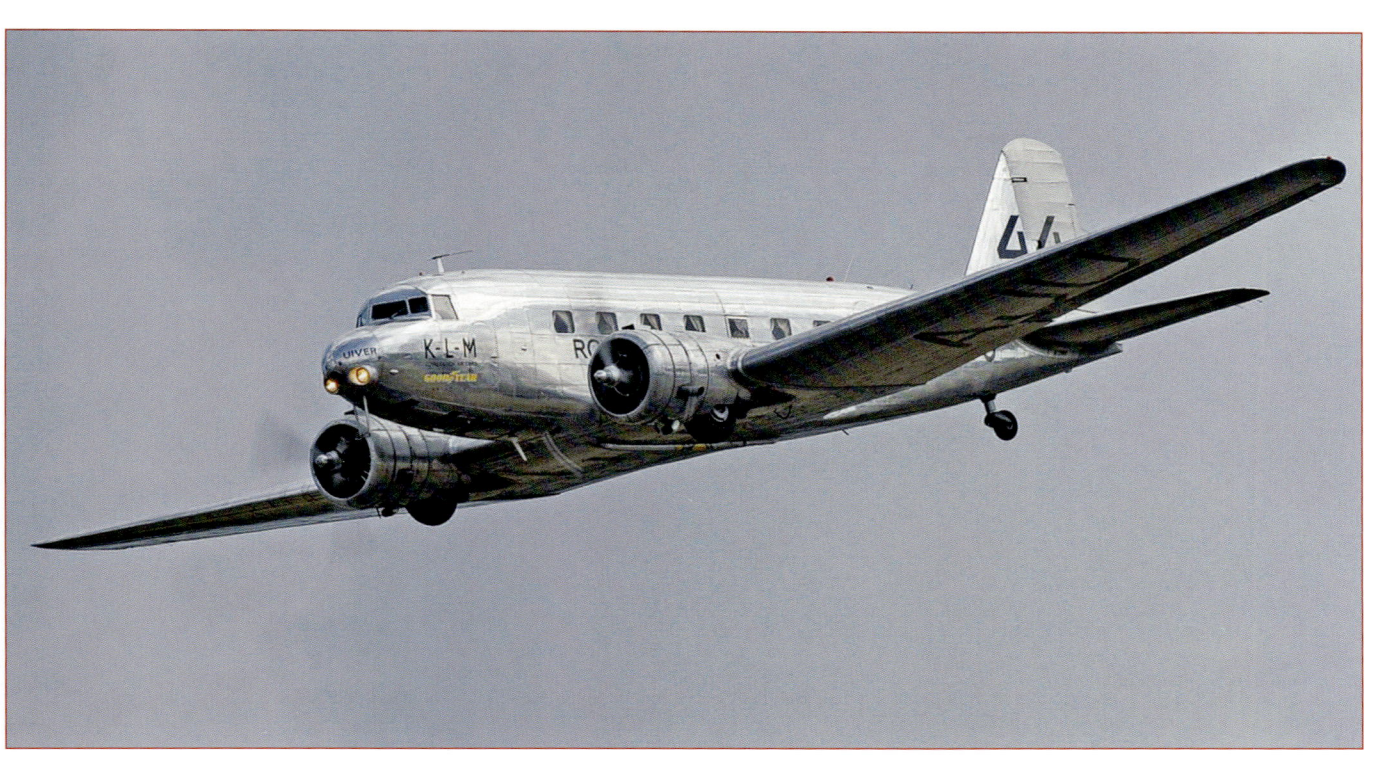

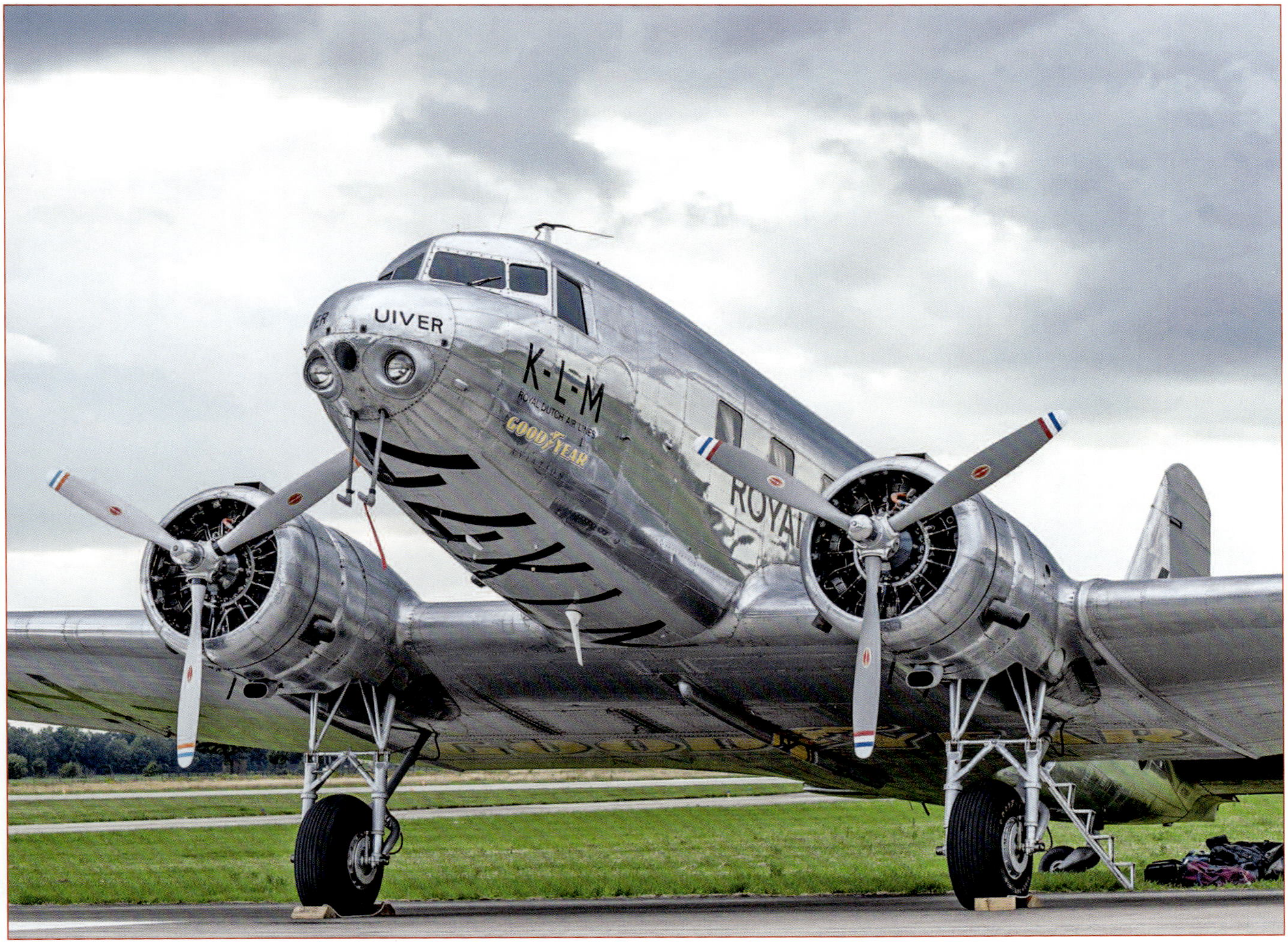
UIVER
K-L-M
ROYAL DUTCH AIR LINES
GOODYEAR
ROYAL

# Douglas DC-3 (C-47 Skytrain)

Die DC-3 ist eines der bekanntesten Flugzeuge überhaupt und das meistgebaute Transport- beziehungsweise Passagierflugzeug. Besonders bekannt wurden die Maschinen in Deutschland durch ihre Einsätze als „Rosinenbomber" bei der Berliner Luftbrücke. Die Militär-Versionen trugen die Bezeichnung C-47 und Douglas Dakota. Insgesamt wurden von diesem Flugzeug von 1936 bis 1945 einschließlich der Lizenzbauten 16.079 Stück hergestellt. Die DC-3 gilt als eine der besten Flugzeugkonstruktionen weltweit. Sie gilt als besonders sicher, zuverlässig und verfügt über eine ungewöhnlich gute Zellenstrukturhaltbarkeit. Die Maschine ist mit zwei Pratt & Whitney R-1830-S1C3G Twin Wasp Sternmotoren mit jeweils 1.200 PS ausgestattet.

**HÖCHSTGESCHWINDIGKEIT** → 368 km/h in 2.680 m Höhe
**LÄNGE** → 19,66 m  **HÖHE** → 5,16 m  **SPANNWEITE** → 29,98 m
**LEERGEWICHT** → 7700 kg  **FLUGMASSE** → 13.190 kg
**REICHWEITE** → 2.160 km

# Douglas DC-6B

Die Douglas DC-6 wurde von 1946 bis 1959 in einer Auflage von 704 Exemplaren hergestellt. Das Flugzeug wurde zunächst auf der Basis der DC-4 beziehungsweise der Militärversion C-54-Skymaster als militärisches Transportflugzeug geplant, dann jedoch als ziviles Langstrecken-Passagierflugzeug konzipiert. Die DC-6 sollte der Lockheed Constellation Konkurrenz machen. Für den Antrieb der Maschine sind vier R-2800-CA-15 Double-Wasp-Motoren mit jeweils 2.400 PS zuständig. Die DC-6B der Flying Bulls gehörte früher dem jugoslawischen Staatschef Tito.

**HÖCHSTGESCHWINDIGKEIT** → 580 km/h
**LÄNGE** → 32,18 m  **HÖHE** → 8,86 m  **SPANNWEITE** → 35,81 m
**LEERGEWICHT** → 25.111 kg  **MAXIMALES STARTGEWICHT** → 48.534 kg
**REICHWEITE** → 6.240 km

# F+W C-3605

Die F+W C-3605 des Eidgenössischen Flugzeugwerks ist ein 1969 in Dienst gestelltes Schleppflugzeug der Schweizer Luftwaffe für maximal zwei Besatzungsmitglieder. Der Turboprop-Motor Lycoming T53-L-7 leistet 1.115 PS. Hergestellt wurden 23 Umbauten der C-3603.

HÖCHSTGESCHWINDIGKEIT → 410 km/h
LÄNGE → 12,93 m  HÖHE → 4,10 m  SPANNWEITE → 13,74 m
MAXIMALES STARTGEWICHT → 3.716 kg
REICHWEITE → 1.000 km

Oldtimer Flugzeuge **63**

# Fieseler Fi 156 Storch

Die Fieseler Fi 156 Storch wurde auch als „Fliegender Feldherrnhügel" bezeichnet, da sie mit ihrer Mindestgeschwindigkeit von 45 km/h extrem langsam fliegen konnte. Zudem benötigte sie zum Starten und Landen nur eine äußerst kurze Strecke. Die Besatzung zählte einen Pilot und zwei Beobachter. Gebaut wurde das STOL-Verbindungsflugzeug von 1936 bis 1949 in einer Auflage von 2.867 Stück bei den Gerhard-Fieseler-Werken in Kassel. Das Antriebsaggregat ist ein luftgekühlter V8-Motor Typ Argus As 10C mit 240 PS Startleistung.

HÖCHSTGESCHWINDIGKEIT → 175 km/h in Meereshöhe
LÄNGE → 9,90 m   HÖHE → 3,00 m   SPANNWEITE → 14,27 m
LEERGEWICHT → 930 kg   MAXIMALES STARTGEWICHT → 1.320 kg
REICHWEITE → 377 km

Oldtimer Flugzeuge 65

# Focke-Wulf Fw 44 Stieglitz

Die Stieglitz ist ein ab 1932 gebautes Schulflugzeug, das auch gerne für den Kunstflug eingesetzt wurde. Der zweisitzige Doppeldecker des Bremer Flugzeugherstellers Focke-Wulf war bei der Luftwaffe für die Ausbildung von Jagdfliegern zuständig. Bei den Olympischen Spielen 1936 in Berlin war die Fw 44 beim Kunstfliegen erfolgreich. Eingebaut wurde überwiegend der Siemens Sh 14, ein 7-Zylinder-Sternmotor mit 7,7 Liter Hubraum und 160 PS. Die starre Zweiblatt-Holzluftschraube misst 2,25 Meter Durchmesser. Wegen vieler Lizenznehmer ist die genaue Stückzahl nicht zu ermitteln. Man geht von 1.900 bis 3.000 Exemplaren aus, von denen noch mehr als zehn flugfähig sein sollen.

**HÖCHSTGESCHWINDIGKEIT** → 185 km/h
**LÄNGE** → 7,30 m  **HÖHE** → 2,80 m  **SPANNWEITE** → 9,00 m
**LEERGEWICHT** → 565 kg  **MAXIMALES STARTGEWICHT** → 875 kg
**REICHWEITE** → 550 km

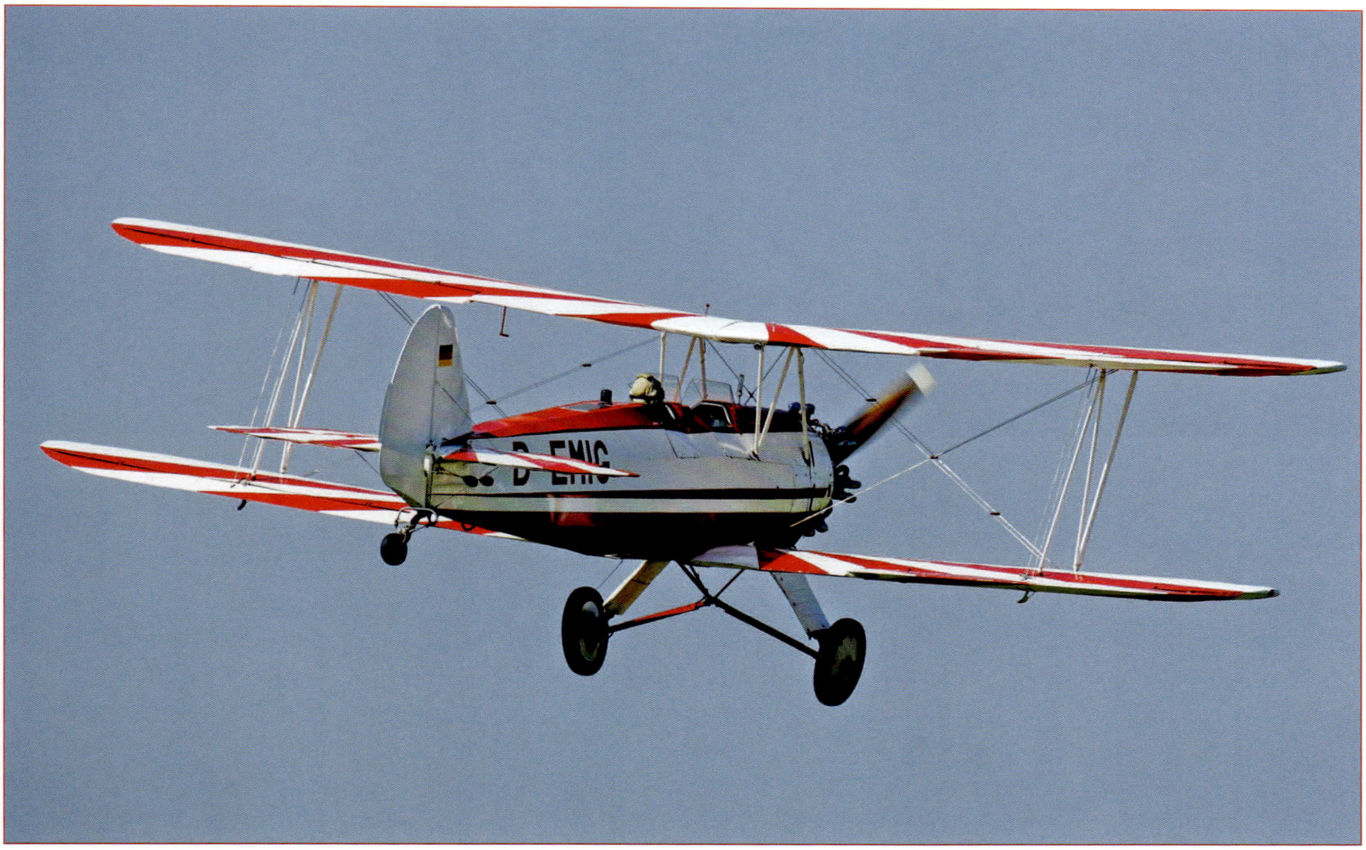
D-EMIG

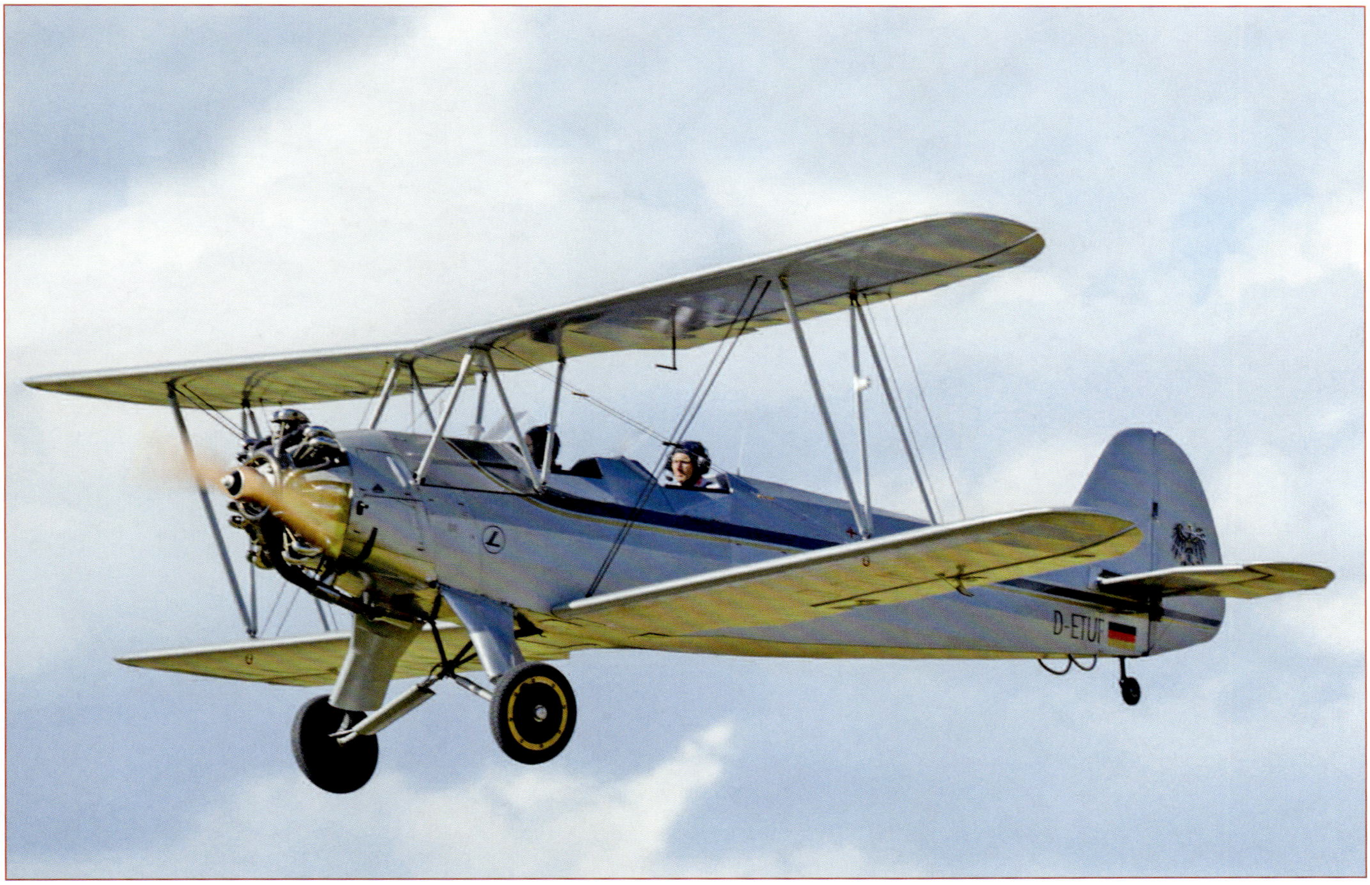
D-ETUI

Oldtimer Flugzeuge

# Focke-Wulf Fw190

Neben der Me 109 war die Fw 190 der Standardjäger der deutschen Luftwaffe im Zweiten Weltkrieg. Von dem Typ sollen rund 19.500 Maschinen produziert worden sein, die unter anderem auch als Jagdbomber, Aufklärer und Erdkampfflugzeuge eingesetzt wurden. Die meisten Fw-190 waren mit einem luftgekühlten 14-Zylinder-Doppelsternmotor vom Typ BMW 801 mit 1.700 PS (D-2) Startleistung ausgestattet. Spätere Versionen wurden von flüssigkeitsgekühlten 12-Zylinder-V-Motoren angetrieben. Der Erstflug eines Prototyps war 1939, die Produktion lief von 1941 bis 1945.

**HÖCHSTGESCHWINDIGKEIT** → 635 km/h in 6.000 m Höhe
**LÄNGE** → 8,85 m  **HÖHE** → 3,95 m  **SPANNWEITE** → 10,51 m
**MAXIMALES STARTGEWICHT** → 3.850 kg
**REICHWEITE** → 810 km

Oldtimer Flugzeuge 71

# Fokker DR.I

Eines der bekanntesten Jagdflugzeuge des Ersten Weltkriegs war der Dreidecker Fokker DR.1, der als extrem wendig galt und über außergewöhnlich gute Steigfähigkeiten verfügte. Es war die Maschine des "Roten Barons" Manfred von Richthofen. Die Erprobung des Einsitzers begann 1916, produziert wurden ab Mitte 1917 bis 1918 insgesamt 420 Exemplare. Als Triebwerk eingebaut war der Neunzylinder Umlaufmotor Oberursel Ur.II mit 15,1 Liter Hubraum mit 110 PS Leistung.

HÖCHSTGESCHWINDIGKEIT → 160 km/h in 2.800 m Höhe
LÄNGE → 5,75 m   HÖHE → 2,95 m   SPANNWEITE → 7,20 m/ 6,23 m/5,73 m
LEERGEWICHT → 383 kg   MAXIMALES STARTGEWICHT → 5,85 kg
FLUGDAUER → 90 Minuten

Oldtimer Flugzeuge

74　Oldtimer Flugzeuge

Oldtimer Flugzeuge 75

# Fokker E.III

Die E.III war ein einsitziges Jagdflugzeug des Ersten Weltkriegs. Gebaut wurde der Eindecker von 1915 bis 1916 und erreichte eine Auflage von rund 258 Exemplaren. Damit war die E.III die am meisten gebaute Variante der E-Reihe. Einige wurden an die Marine und an Verbündete geliefert. Der luftgekühlte Umlaufmotor Oberursel U.1 leistete 100 PS.

**HÖCHSTGESCHWINDIGKEIT** → 140 km/h
**LÄNGE** → 7,20 m  **HÖHE** → 2,40 m  **SPANNWEITE** → 9,52 m
**LEERGEWICHT** → 399 kg  **MAXIMALES STARTGEWICHT** → 610 kg
**REICHWEITE** → 220 km

Oldtimer Flugzeuge

# Fouga CM-170 Magister

Die Magister ist ein zweistrahliges Trainingsflugzeug der 1950er und 1960er Jahre aus Frankreich, von dem 250 Stück bei der deutschen Luftwaffe im Einsatz waren und 15 bei der Marine. Der Erstflug fand im Juli 1952 statt. Es handelt es sich um ein zweisitziges Ganzmetallflugzeug mit 110-Grad-V-Leitwerk, das wegen seiner Optik als Schmetterlingsleitwerk bekannt wurde. Zwei Turbojet Triebwerke Turbomeca Marbore IIA sorgen für den Antrieb.

HÖCHSTGESCHWINDIGKEIT → 715 km/h
LÄNGE → 10,06 m  HÖHE → 2,80 m  SPANNWEITE → 12,15 m
MAXIMALES STARTGEWICHT → 3.300 kg
REICHWEITE → 1.180 km

Oldtimer Flugzeuge 79

# Gloster Meteor

Die Meteor ist ein strahlgetriebenes britisches Jagdflugzeug, das zum Ende des Zweiten Weltkriegs zur Bekämpfung deutscher V1-Flugbomben eingesetzt wurde. Der Erstflug erfolgte im März 1943, die Indienststellung im Juli 1944. Produziert wurden bis 1954 rund 3.900 Maschinen. Der einsitzige Tiefdecker in Ganzmetall-Schalenbauweise ist mit zwei großen Motorgondeln und einziehbarem Bugradfahrwerk ausgestattet. Eingebaut sind zwei Rolls-Royce Mk.I Strahltriebwerke mit jeweils 8,9 kN Schubkraft.

HÖCHSTGESCHWINDIGKEIT → 660 km/h auf 9.150 m Flughöhe
LÄNGE → 12,58 m  HÖHE → 3,96 m  SPANNWEITE → 13,11 m
LEERGEWICHT → 4.771 kg  MAXIMALES STARTGEWICHT → 6.033 kg

Oldtimer Flugzeuge 81

# Grumman TBM Avenger

Als Nachfolger der veralteten Douglas Devastator war die Avenger der Torpedobomber der US Marine im Zweiten Weltkrieg. Der spätere US-Präsident George W. Bush flog als Navy-Pilot eine Avenger. Gebaut wurde die Maschine von 1942 bis 1945 in einer Auflage von 9.837 Exemplaren. Der Erstflug fand 1941 statt. Die für drei Besatzungsmitglieder ausgelegte Avenger verfügt über einen Wright R-2600-8 Cyclone 14 Zylinder Motor mit 1.700 PS.

**HÖCHSTGESCHWINDIGKEIT** → 430 km/h
**LÄNGE** → 12,19 m  **SPANNWEITE** → 16,51 m
**LEERGEWICHT** → 4.853 kg  **MAXIMALES STARTGEWICHT** → 8.278 kg

Oldtimer Flugzeuge

# Hawker Sea Fury FB.11

Die Sea Fury ist eines der schnellsten kolbenmotorgetriebenen Serien-Flugzeuge. Es handelt sich um ein britisches, einsitziges Jagdflugzeug, dessen Erstflug im Februar 1945 stattfand. Bereits im Oktober 1945 wurde es bei der Royal Navy in Dienst gestellt. Die Produktionszeit endete 1955 mit insgesamt 980 Exemplaren. Heute sollen noch zwölf Sea Furys flugfähig sein, die gerne bei Flugrennen eingesetzt werden. Für den Antrieb ist der Bristol Centaurus 18-Zylinder-Motor mit 2480 PS zuständig.

**HÖCHSTGESCHWINDIGKEIT** → 740 km/h
**LÄNGE** → 10,60 m **HÖHE** → 4,90 m **SPANNWEITE** → 11,70 m
**LEERGEWICHT** → 4.190 kg **MAXIMALES STARTGEWICHT** → 5.670 kg
**REICHWEITE** → 1.127 km

Oldtimer Flugzeuge 85

# Hawker Hurricane

Die Hurricane ist ein einsitziger britischer Jagdbomber im Zweiten Weltkrieg. Er trug die Hauptlast der Luftschlacht um England. Gebaut wurden von der Hurricane laut britischen Quellen 14.231 Stück in der Zeit von 1937 bis 1944. Ausgestattet ist die Hurricane mit einem Rolls-Royce Merlin Zwölfzylinder V-Motor, der 1.280 PS leistet.

HÖCHSTGESCHWINDIGKEIT → 542 km/h in 6700 m Höhe
LÄNGE → 9,98 m  HÖHE → 3,98 m  SPANNWEITE → 12,20 m
LEERGEWICHT → 2.560 kg  MAXIMALES STARTGEWICHT → 3.740 kg
REICHWEITE → 752 km

Oldtimer Flugzeuge 89

# Hispano HA-200 D Saeta

Eine der letzten HA-200 D ist im Besitz der Messerschmitt Stiftung und wird auf Flugtagen gezeigt und vor allem geflogen. Entwickelt wurde die Maschine unter Mitwirkung von Prof. Willy Messerschmitt in Spanien. Der Erstflug war im August 1955. Gebaut wurden von der HA-200 D 102 Exemplare, die als Trainer und Bodenkämpfer bis 1971 gebaut und bis 1982 im Einsatz waren. Die zweisitzige Saeta ist mit zwei Strahlturbinen Turbomeca Marbore II A mit jeweils 400 kp Schubkraft ausgestattet.

HÖCHSTGESCHWINDIGKEIT → 655 km/h
LÄNGE → 8,97 m  SPANNWEITE → 10,93 m
MAXIMALES STARTGEWICHT → 3.650 kg
REICHWEITE → 1.500 km

Oldtimer Flugzeuge  91

# Jakowlew Jak-3

Die Jak-3 ist ein einsitziges russisches Jagdflugzeug, das ab Sommer 1944 eingesetzt und bis 1946 in einer Auflage von 4.848 Exemplaren gebaut wurde. Die Jak-3 benötigt 4,1 Minuten, um auf 5.000 m Höhe zu kommen. Für den Antrieb ist ein wassergekühlter Zwölfzylinder-V-Motor vom Typ Klimow WK-105PF-2 mit 1.300 PS zuständig. Ende des Jahres 1944 präsentierte Jakowlew die Jak-3A, eine Ganzmetallvariante, die eine Geschwindigkeit von 720 km/h erreicht. Die Jak-3A wurde in einer verhältnismäßig kleinen Stückzahl unter 100 gebaut.

HÖCHSTGESCHWINDIGKEIT → 655 km/h in 3.100 m Höhe
LÄNGE → 8,49 m  HÖHE → 2,42 m  SPANNWEITE → 9,20 m
LEERGEWICHT → 2.105 kg  MAXIMALES STARTGEWICHT → 2.660 kg
REICHWEITE → 900 km

# Jakowlew Jak-9

Die Jak-9 war das am meisten eingesetzte Jagdflugzeug der sowjetischen Luftstreitkräfte im Zweiten Weltkrieg. Sie wurde als Begleit-, Abfang- und Langstreckenjäger und Jagdbomber zur Panzerbekämpfung eingesetzt. Von der Jak-9 wurden 16.769 Exemplare produziert, und das in der relativ kurzen Bauphase von 1942 bis 1948. Der Erstflug fand im Sommer 1942 statt, die Truppeneinführung im Oktober 1942 und der erste Einsatz im Dezember 1942 in Stalingrad. Im Koreakrieg wurde die Jak-9 auch von den nordkoreanischen Streitkräften eingesetzt. Als Triebwerk ist der V-12-Kolbenmotor Klimow WK-107A mit 1.595 PS eingebaut.

**HÖCHSTGESCHWINDIGKEIT** → 698 km/h
**LÄNGE** → 8,55 m **HÖHE** → 2,44 m **SPANNWEITE** → 9,77 m
**LEERGEWICHT** → 2.575 kg **MAXIMALES STARTGEWICHT** → 3.098 kg
**REICHWEITE** → 870 km

# Jakowlew Jak-11

Die Jak-11 ist ein Schuljagdflugzeug aus sowjetischer Produktion. Es ist doppelsitzig ausgelegt für Flugschüler und Fluglehrer. Im November 1945 bestritt ein Prototyp den Erstflug. In den Jahren 1946 bis 1956 wurden dann 3859 Maschinen gebaut, zuzüglich 707 Exemplare in Lizenz. An die Luftstreitkräfte der DDR wurden rund 100 Jak-11 geliefert, von denen einige noch bis 1962 als Zielflugzeuge für die Bodenabwehr eingesetzt wurden. Als Antrieb diente ein luftgekühlter Siebenzylinder-Sternmotor des sowjetischen Triebwerkkonstrukteurs Arkadi Dmitrijewit Schwezow des Typs ASch-21.

**HÖCHSTGESCHWINDIGKEIT** → 475 km/h
**LÄNGE** → 8,50 m  **HÖHE** → 3,23 m  **SPANNWEITE** → 9,50 m
**LEERGEWICHT** → 1.811 kg  **MAXIMALES STARTGEWICHT** → 2.480 kg
**REICHWEITE** → 1.280 km

Oldtimer Flugzeuge 95

# Junkers Ju 52

Das dreimotorige Transportflugzeug Ju 52/3m, Spitzname „Tante Ju", wurde aus der einmotorigen Ju 52/m1 entwickelt. Der Erstflug startete im März 1932 und noch im selben Jahr wurde die Maschine in Dienst gestellt. Bis 1952 wurden bei den Junkers Flugzeugwerken in Dessau 4.845 Exemplare gebaut. Die Ju 52 erwarb sich einen guten Ruf als sehr zuverlässiges Transport- und Verkehrsflugzeug. Für die Lufthansa wurde deshalb die Ju 52/3m zum Standard-Flugzeugtyp. Platz ist für eine dreiköpfige Besatzung und 15 Passagiere. Außerdem stehen zwei Notsitze zur Verfügung. Als Motoren kamen unterschiedliche Varianten des BMW 132 mit dreimal 600 PS bis dreimal 750 PS zum Einbau und der Typ Hornet von Pratt & Whitney. Einige der Ju 52/3m werden noch heute für Oldtimer-Flüge benutzt, außerdem ist die legendäre Maschine in Museen in aller Welt zu finden.

**HÖCHSTGESCHWINDIGKEIT** → 290 km/h
**LÄNGE** → 18,90 m  **HÖHE** → 4,65 m  **SPANNWEITE** → 29,25 m
**LEERGEWICHT** → 5.720 kg  **MAXIMALES STARTGEWICHT** → 10.500 kg
**REICHWEITE** → 1.300 km

Oldtimer Flugzeuge

# Klemm Kl 35

Die Klemm 35 ist ein offener Tiefdecker, der zwischen 1936 und 1943 über 1.300 Mal gebaut wurde. Das Schul- und Sportflugzeug bietet Platz für den Piloten und einen Passagier. Die Entwicklung der Maschine wurde 1934 durch das Reichsluftfahrtministerium an die Firma Klemm Leichtflugzeugbau GmbH in Auftrag geben. Bei der Premiere auf der Luftfahrtschau im Oktober 1935 in Mailand rief die Klemm 35 auch bei Privatfliegern und ausländischen Luftwaffen Interesse hervor. Für den Antrieb sorgt der luftgekühlte Vierzylinder-Reihenmotor Hirth HM 504 A2 mit 105 PS.

HÖCHSTGESCHWINDIGKEIT → 250 km/h
LÄNGE → 7,60 m   HÖHE → 2,05 m   SPANNWEITE → 10,30 m
LEERGEWICHT → 520 kg   MAXIMALES STARTGEWICHT → 780 kg
REICHWEITE → 600 km

# Lissunow Li-2

Die Li-2 ist ein russischer Lizenzbau der US-amerikanischen Douglas DC-3. Das zweimotorige Transportflugzeug für eine fünf- bis sechsköpfige Besatzung wurde vor allem im Zweiten Weltkrieg eingesetzt. 1939 wurde der freitragende Tiefdecker in Dienst gestellt, die Produktion begann bereits 1938. Bis 1952 wurden rund 5.000 Exemplare gebaut. Die zwei luftgekühlten Neunzylinder-Stern-Triebwerke-M-62IR haben eine Startleistung von jeweils 1.000 PS und 840 PS Dauerleistung.

HÖCHSTGESCHWINDIGKEIT → 270 km/h
LÄNGE → 19,65 m  HÖHE → 5,15 m  SPANNWEITE → 28,81 m
LEERGEWICHT → 7.650 kg  MAXIMALES STARTGEWICHT → 11.700 kg
REICHWEITE → 2.200 km

# Lockheed P-38 Lightning

Die P-38 wurde hauptsächlich als Jagdbomber und Langstreckenbegleitjäger eingesetzt. Die unkonventionelle Konstruktion mit doppelten Leitwerksträgern brachte ihr den Beinamen Gabelschwanz Teufel ein. Große Erfolge erlangte der zweimotorige Mitteldecker im pazifischen Raum. In einer P-38 F-5 wurde der Dichter Antoine de Saint-Exupéry ("Der Kleine Prinz") bei einem Aufklärungsflug abgeschossen. Der Erstflug fand im Januar 1939 statt, die Indienststellung folgte 1941. Gebaut wurden von 1941 bis 1945 insgesamt 10.037 Exemplare. Eingebaut sind zwei V-12 Triebwerke Allison V-1710 mit Turbolader und je 1.622 PS.

**HÖCHSTGESCHWINDIGKEIT** → 666 km/h in 7.620 m Höhe
**LÄNGE** → 11,53 m  **HÖHE** → 3,00 m  **SPANNWEITE** → 15,85 m
**LEERGEWICHT** → 5.806 kg  **MAXIMALES STARTGEWICHT** → 9.798 kg
**REICHWEITE** → 4.184 km

Oldtimer Flugzeuge 101

# Messerschmitt Bf 109

Die Bf 109 ist mit mehr als 33.000 Stück das meistgebaute Jagdflugzeug aller Zeiten. Es wurden über 70 Versionen davon hergestellt. Nach dem Zweiten Weltkrieg wurde der einsitzige Tiefdecker noch in Lizenz weitergebaut. Der Erstflug fand im Mai 1935 statt, die Produktion begann 1936 und die Indienststellung folgte 1937. Als Triebwerk für die BF 109 B-1 dient ein 12-Zylinder-V-Motor Junkers Jumo 210D mit maximal 680 PS Startleistung. Spätere Versionen waren ausgestattet mit 12-Zylinder-V-Motoren von Daimler-Benz mit maximalen Startleistungen von 990 bis 1475 PS.

HÖCHSTGESCHWINDIGKEIT → 470 km/h in 4.000 m Höhe (B-1)
LÄNGE → 8,55 m  HÖHE → 2,60 m  SPANNWEITE → 9,87 m
MAXIMALES STARTGEWICHT → 2.200 kg

Oldtimer Flugzeuge

# Messerschmitt Bf 108 Taifun

Die Bf 108 erzielte mehrere Rekorde, vor allem ist sie aber bekannt durch die Flugpionierin Elly Beinhorn, die gab der Maschine den Beinamen "Taifun". Das viersitzige einmotorige Leichtflugzeug hatte seinen Erstflug 1934, die Modelleinführung fand 1935 statt. Produziert wurden bis 1945 knapp 900 Stück. Die meisten davon wurden für die Wehrmacht gebaut und dort für Schulungszwecke und als Kurierflugzeuge eingesetzt. Zunächst wurde der Hirth HM 8 U in den Typ BF 108 A eingebaut, dann in den BF 108 B der leistungsstärkere Argus As 10 C/E mit 240 PS Start- und 200 PS Dauerleistung.

**HÖCHSTGESCHWINDIGKEIT** → 303 km/h (B)
**LÄNGE** → 8,29 m  **HÖHE** → 2,85 m  **SPANNWEITE** → 10,62 m
**LEERGEWICHT** → 880 kg  **MAXIMALES STARTGEWICHT** → 1.380 kg
**REICHWEITE** → 1.000 km

# Messerschmitt Me 163 B1-A Komet

Die Messerschmitt Me 163, Komet genannt, ist ein Raketenflugzeug, das zu den "Wunderwaffen" der Wehrmacht gehörte. Der Erstflug datiert auf den 8. August 1941. Am 2. Oktober 1941 stellte die Maschine mit 1003,67 km/h einen neuen Geschwindigkeitsrekord auf und ist damit das erste Flugzeug, das die 1000-km/h-Marke überschreitet. 1944 wird die Me 163 bei der Luftwaffe in Dienst gestellt. Eingebaut ist ein Walter HWK 109-509 A-1 Triebwerk mit 1.600 kp Schubkraft. Von der ME 163 sollen insgesamt 350 Exemplare gefertigt worden sein.

HÖCHSTGESCHWINDIGKEIT → 900 km/h
LÄNGE → 5,70 m  HÖHE → 2,75 m  SPANNWEITE → 9,30 m
LEERGEWICHT → 1.980 kg  MAXIMALES STARTGEWICHT → 4.310 kg
REICHWEITE → 80 km

Oldtimer Flugzeuge 107

# Messerschmitt Me 262 B1-A

Die Me 262 war mit 1.433 gebauten Maschinen das erste serienmäßig hergestellte Düsenflugzeug. Das heute auf Veranstaltungen geflogene Modell ist ein Nachbau aus den USA, der im August 2008 seinen Erstflug hatte und von der Messerschmitt-Stiftung erworben wurde. Der zweistrahlige Jagdeinsitzer war mit zwei Junkers Jumo 004 B-1 Triebwerken mit je 900 kp Schubkraft ausgestattet, die in Gondeln unter den Flügeln positioniert sind. Die Bauphase belief sich von 1943 bis 1945.

**HÖCHSTGESCHWINDIGKEIT** → 869 km/h in 6.000 m Höhe
**LÄNGE** → 10,58 m **HÖHE** → 3,83 m **SPANNWEITE** → 12,50 m
**LEERGEWICHT** → 3.800 kg **MAXIMALES STARTGEWICHT** → 6.385 kg
**REICHWEITE** → 1.050 km

Oldtimer Flugzeuge

# Mikojan-Gurewitsch MiG-15

Die MiG-15 ist ein sowjetisches Jagdflugzeug der 1950er Jahre. Sie kam insbesondere im Koreakrieg als Gegner der amerikanischen F-86 Sabre zum Einsatz. Inklusive aller Lizenzbauten wurden rund 18.000 MiG-15 hergestellt. Bei der hier gezeigten Maschine handelt es sich um eine in Polen bei WSK Mielec 1953 in Lizenz gebaute MiG-15 SBLIM-2. Der zweisitzige Strahltrainer wurde aus Bauteilen der LIM-1 und LIM-2 entwickelt.

HÖCHSTGESCHWINDIGKEIT → 900 km/h in 300 m Höhe
LÄNGE → 10,04 m  HÖHE → 3,70 m  SPANNWEITE → 10,08 m
LEERGEWICHT → 3.948 kg  MAXIMALES STARTGEWICHT → 6.241 kg
REICHWEITE → 1.330 km

# Morane-Saulnier MS.317

Von 1960 bis 1962 wurden 40 Exemplare des französischen Schulungsflugzeugs MS.315 zum Schleppen von Segelflugzeugen umgerüstet. Diese Flugzeuge erhielten die Bezeichnung MS.317 und den stärkeren Continental W-670K Sternmotor mit 220 PS. Ausgelegt ist der Hochdecker für zwei Besatzungsmitglieder.

HÖCHSTGESCHWINDIGKEIT → 170 km/h
LÄNGE → 7,58 m  HÖHE → 2,68 m  SPANNWEITE → 12,00 m
LEERGEWICHT → 697 kg  MAXIMALES STARTGEWICHT → 981 kg
REICHWEITE → 600 km

# Morane-Saulnier MS.406

Das einsitzige französische Jagdflugzeug wurde 1939 von der französischen Luftwaffe in Dienst gestellt. 1940 endete die Produktion des Tiefdeckers mit insgesamt 1.077 bis dahin gebauten Maschinen. Die MS.406 war mit einem 860 PS leistenden Hispano-Suiza HS-12Y-31-Motor ausgerüstet. Bei der Besetzung Frankreichs erbeutete Deutschland etliche MS.406, die die Luftwaffe der Wehrmacht zum Teil für Trainingszwecke einsetzte.

HÖCHSTGESCHWINDIGKEIT→ 486 km/h auf 5.000 m Höhe
LÄNGE→ 8,17 m  HÖHE→ 3,25 m  SPANNWEITE→ 10,62 m
LEERGEWICHT→ 1.893 kg  MAXIMALES STARTGEWICHT→ 2.426 kg
REICHWEITE→ 1.000 km

# Nord Noratlas 2501

Von 1949 bis 1961 baute das französische Unternehmen Nord Aviation die Noratlas 2501 in einer Auflage von 425 Exemplaren. Es handelt sich um ein zweimotoriges Tranportflugzeug für militärische Zwecke während der Zeit des Kalten Krieges. Der Schulterdecker ist mit doppelten Leitwerksträgern und zwei Snecma Hercules 739 Sternmotoren mit je etwa 2.000 PS Leistung ausgestattet. Für die deutsche Luftwaffe war die 2501 das erste neu beschaffte Transportflugzeug, das in Deutschland auch in Lizenz bei den Vereinigten Flugtechnischen Werken und dem Hamburger Flugzeugbau gebaut wurde. Ende der 1960er Jahre wurde die für sechs Besatzungsmitglieder konzipierte 2501 von der stärkeren und mit höherer Nutzlast ausgestatteten Transall C-160 abgelöst.

**HÖCHSTGESCHWINDIGKEIT** → 406 km/h
**LÄNGE** → 21,96 m  **HÖHE** → 6,00 m  **SPANNWEITE** → 32,50 m
**LEERGEWICHT** → 13.075 kg  **STARTGEWICHT** → 21.000 kg
**REICHWEITE** → 3.000 km

# North American B-25 Mitchell

Mittelschwerer sechssitziger US-Bomber des Zweiten Weltkriegs, von dem während seiner Produktionszeit von 1941 bis 1945 knapp 10.000 Stück gebaut wurden. Bekannt ist vor allem der Angriff auf Tokio, der vom Deck des Flugzeugträgers USS Hornet aus gestartet wurde. Im Juli 1945 zerschellte eine B-25 bei schlechter Sicht am Empire State Building. Typisch für die zweimotorige Maschine ist das H-Leitwerk. Die zwei Sternmotoren Wright Cyclone leisten je 1.850 PS.

**HÖCHSTGESCHWINDIGKEIT** → 455 km/h
**LÄNGE** → 16,50 m  **HÖHE** → 4,8 m  **SPANNWEITE** → 21,00 m
**LEERGEWICHT** → 9.580 kg  **MAXIMALES STARTGEWICHT** → 19.000 kg
**REICHWEITE** → 2.173 km

Oldtimer Flugzeuge  115

# North American OV-10B Bronco

Die North American OV-10B Bronco ist ein leichtes amerikanisches Angriffs-, Aufklärungs- und Transportflugzeug, das für seine kurzen Start- und Landeeigenschaften bekannt ist Der Erstflug fand im Juli 1965 statt, die Modelleinführung im Oktober 1969. Die Produktionszeit endete 1976 mit 356 gebauten Exemplaren. Der Zweisitzer verfügt über zwei Turboproptriebwerke mit jeweils 723 PS.

HÖCHSTGESCHWINDIGKEIT → 620 km/h
LÄNGE → 13,42 m   HÖHE → 4,62 m   SPANNWEITE → 12,19 m
LEERGEWICHT → 3.167 kg   MAXIMALES STARTGEWICHT → 6.671 kg
REICHWEITE → 2.870 km

# North American P-51D Mustang

Die P-51 Mustang war einer der besten Jäger des Zweiten Weltkriegs. Die überragenden Flugleistungen wurden durch den Einbau des britischen Rolls-Royce-Merlin 12-Zylinder-V-Motors erreicht, der als Lizenzbau Packard Merlin V-1650-9A mit 2.218 PS in den USA hergestellt wurde. Wegen der hohen Reichweite zeichnete sich die einsitzige und einmotorige Mustang vor allem als Langstreckenbegleitjäger aus. Der Erstflug war im Oktober 1940, die Indienststellung 1942, die Produktionszeit von 1942 bis 1948, gebaut wurden 15.875 Exemplare.

**HÖCHSTGESCHWINDIGKEIT** → 703 km/h
**LÄNGE** → 9,82 m  **HÖHE** → 4,16 m  **SPANNWEITE** → 11,28 m
**LEERGEWICHT** → 3.450 kg  **STARTGEWICHT** → 5.260 kg
**REICHWEITE** → 3.300 km

Oldtimer Flugzeuge 119

# North American T-6 Texan

Die einmotorige, zweisitzige T-6 ist das weltweit am meisten eingesetzte Schulflugzeug. Während des Zweiten Weltkriegs wurden auf dem Tiefdecker Jagdpiloten ausgebildet. Der Erstflug fand im September 1938 statt. Hergestellt wurden von 1939 bis 1944 insgesamt 15.495 Exemplare. Für den Antrieb ist ein 600 PS leistender Pratt & Whitney R-1340-AN-1 Wasp Motor zuständig. In Großbritannien und Nordirland und deren ehemaligen Kolonien erhielt die Maschine die Zusatzbezeichnung "Harvard".

**HÖCHSTGESCHWINDIGKEIT** → 335 km/h in 1.500 m Höhe
**LÄNGE** → 8,84 m **HÖHE** → 3,57 m **SPANNWEITE** → 12,81 m
**LEERGEWICHT** → 1.885 kg **STARTGEWICHT** → 2.548 kg
**REICHWEITE** → 1.775 km

08
Red Bull
SENNHEISER
aviation headsets
D-FHGL
15
Red Bull
SENNHEISER
aviation headsets
D-FHGK

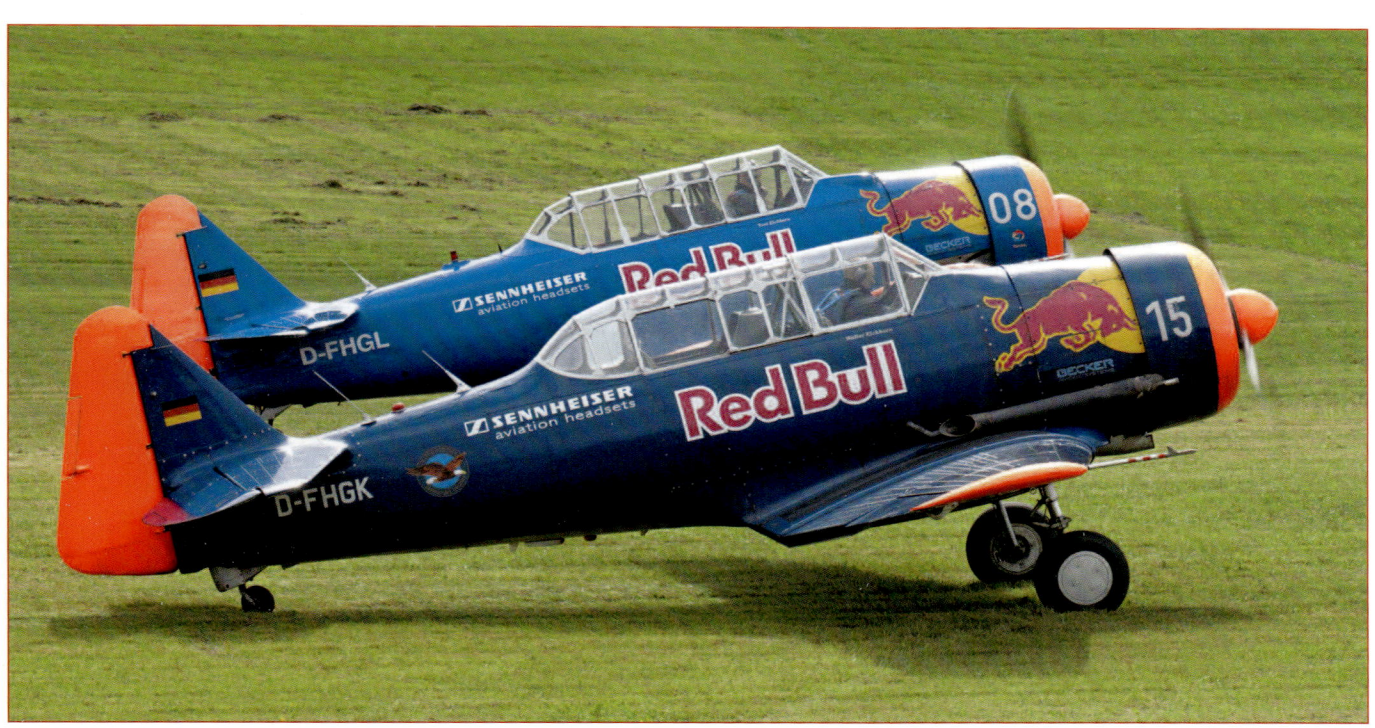

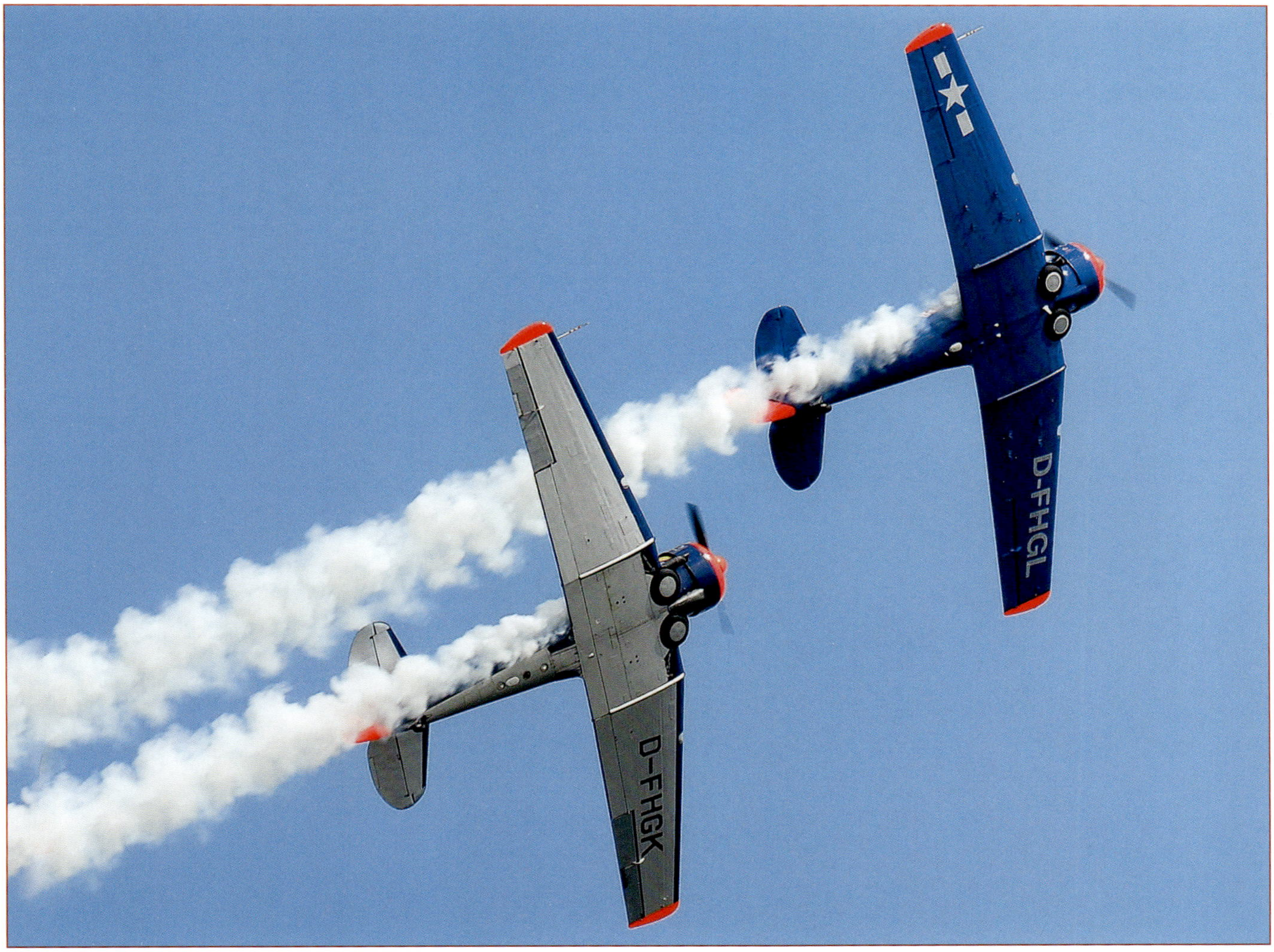
D-FHGL
D-FHGK

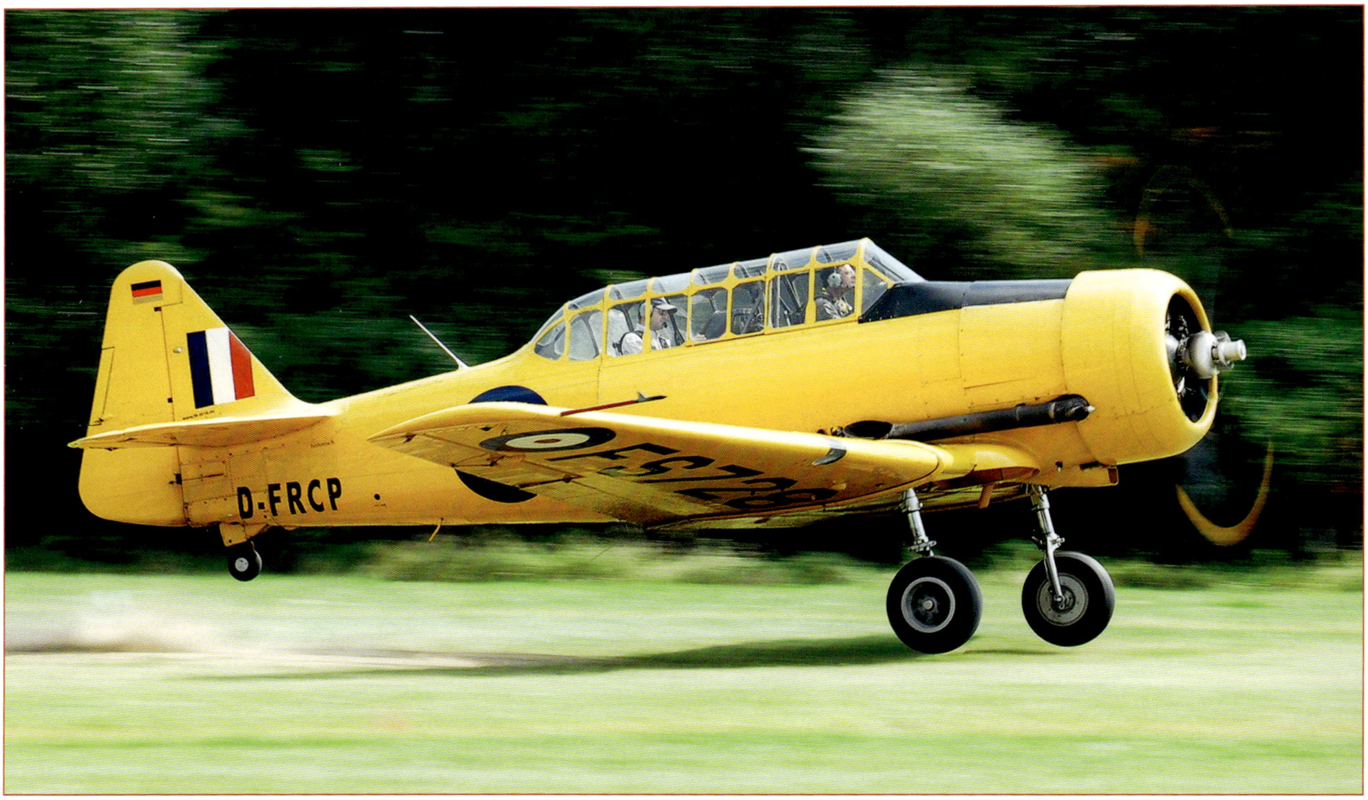
D-FRCP

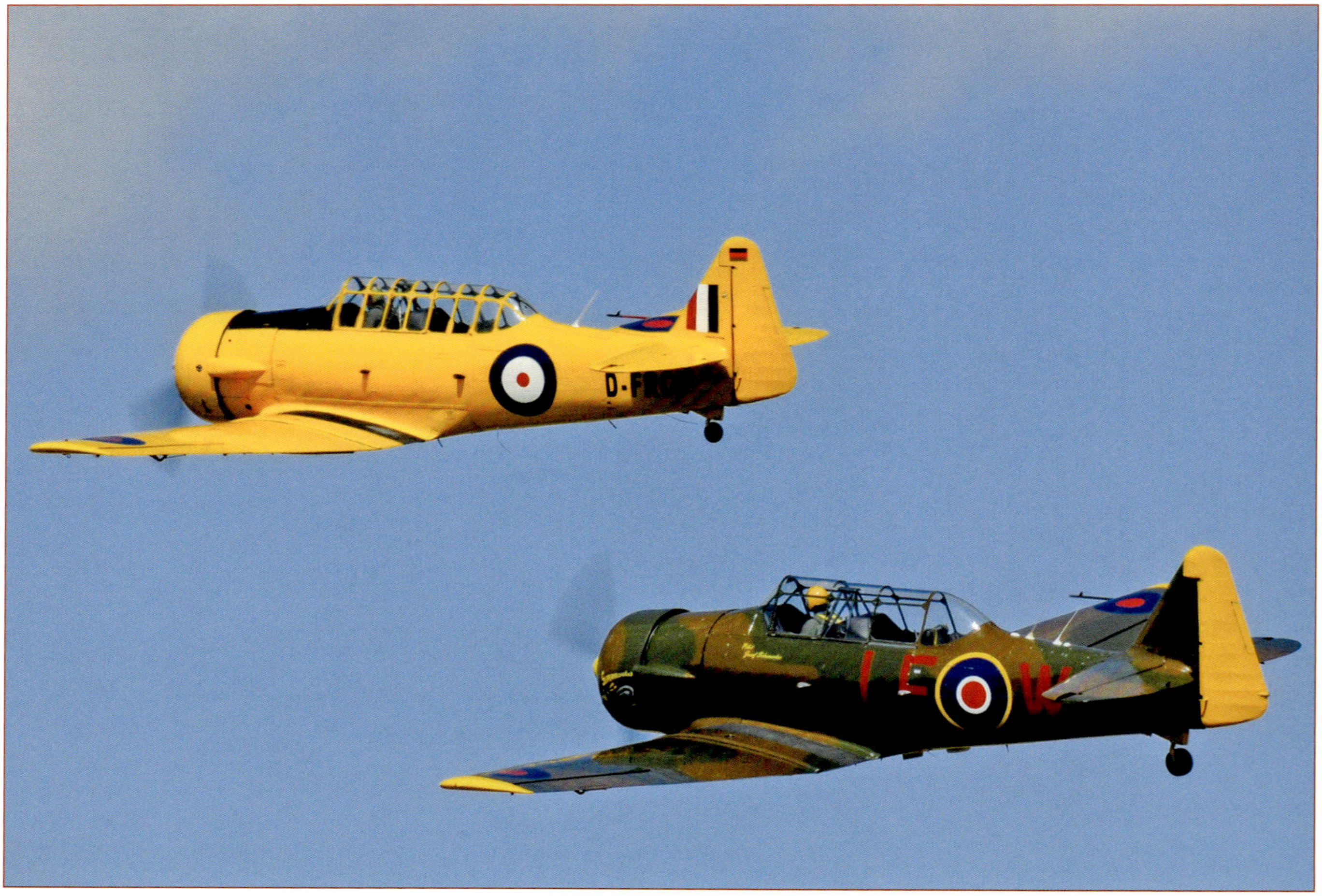

Oldtimer Flugzeuge

# North American T-28

Die T-28 "Trojan" ist die Nachfolgemaschine der T-6. Der zweisitzige Tiefdecker wurde als Trainingflugzeug und als leichtes Erdkampfflugzeug eingesetzt. Der Erstflug startete im September 1949. Gebaut wurde die T-28 von 1950 bis 1957 in einer Auflage von 1.948 Exemplaren. Die hier abgebildete Variante T-28B, auf die sich die Daten unten beziehen, wurde ab 1954 für die US-Navy mit Dreiblatt-Propeller und stärkerem Sternmotor gebaut: Wright R-1820-86 mit 1.425 PS.

HÖCHSTGESCHWINDIGKEIT→ 550 km/h
LÄNGE→ 10,06 m  HÖHE→ 3,86 m  SPANNWEITE→ 12,22 m
LEERGEWICHT→ 2.914 kg  MAXIMALES STARTGEWICHT→ 3.856 kg
REICHWEITE→ 1.700 km

Oldtimer Flugzeuge 125

# Platzer Kiebitz

Der Platzer Kiebitz ist ein Ultraleichtflugzeug, das von Michael Platzer konstruiert wurde. Der Kiebitz ist ein Selbstbauflugzeug, für das es keinen Bausatz gibt. Der Doppeldecker in Gemischtbauweise ist mit zwei hintereinander liegenden Sitzplätzen ausgestattet. Es gibt mehrere Varianten, deren Reihen- oder Boxermotoren über Leistungen von 55 bis 95 PS verfügen.

**HÖCHSTGESCHWINDIGKEIT** → 150 km/h
**LÄNGE** → 6,90 m  **SPANNWEITE** → 7,60 m
**LEERGEWICHT** → 180–285 kg  **MAXIMALES STARTGEWICHT** → 330–450 kg

Oldtimer Flugzeuge 127

# Polikarpow I-16

Die 1934 in Dienst gestellte sowjetische I-16 ist eines der ersten Jagdflugzeuge mit einziehbarem Fahrwerk. Sie wurde im spanischen Bürgerkrieg und in den ersten Jahren des Zweiten Weltkriegs eingesetzt. Der einsitzige Tiefdecker, der von 1934 bis 1943 in einer Auflage von insgesamt 8.643 Stück gebaut wurde, gilt als sehr wendiges Jagdflugzeug. In der relativ langen Bauphase wurden eine Menge unterschiedlicher Typen gebaut. Die hier angegebenen Daten beziehen sich auf den ab 1939 ausgelieferten Typ 24, dem meistgebauten und leistungsstärksten aller I-16. Für den Antrieb sorgt ein luftgekühlter Neunzylinder Sternmotor Schwezow M-62 mit 1.000 PS.

**HÖCHSTGESCHWINDIGKEIT** → 525 km/h
**LÄNGE** → 6,04 m  **HÖHE** → 2,41 m  **SPANNWEITE** → 8,88 m
**LEERGEWICHT** → 1.475 kg  **STARTGEWICHT** → 1.912 kg
**REICHWEITE** → 600 km

Oldtimer Flugzeuge **129**

# PZL-106 AR Kruk

Die PZL-106 ist ein in Polen hergestelltes Agrarflugzeug mit serienmäßig eingebauter Sprühanlage – die Sprühvorführungen bei Flugtagen sind sehr beliebt. Der Erstflug des einmotorigen Tiefdeckers startete am 14. April 1973. Gebaut wurde die PZL-106 von 1973 bis 1995 insgesamt 266-mal. Angetrieben wird die Maschine von einem luftgekühlten Siebenzylinder Sternmotor mit 600 PS.

HÖCHSTGESCHWINDIGKEIT → 211 km/h
LÄNGE → 9,10 m  HÖHE → 3,30 m  SPANNWEITE → 14,80 m
LEERGEWICHT → 1.575 kg  MAXIMALES STARTGEWICHT → 3.000 kg
REICHWEITE → 400 km

Oldtimer Flugzeuge **131**

# Saab 91B Safir

Von der Saab Safir wurden insgesamt 323 Stück gebaut. Der schwedische einmotorige Tiefdecker wurde als Schul- und Verbindungsflugzeug eingesetzt. Die hier gezeigte Variante 91B startete im Januar 1949 zu ihrem Erstflug. Eingebaut war ein Boxermotor Lycoming O-435A mit 190 PS. Unter mehreren anderen Fluggesellschaften erwarb auch die Lufthansa zwei Exemplare der 91B. Eine davon ist im August 2014 in Bremen abgestürzt.

**HÖCHSTGESCHWINDIGKEIT** → 275 km/h
**LÄNGE** → 7,95 m  **HÖHE** → 2,20 m  **SPANNWEITE** → 10,60 m
**LEERGEWICHT** → 720 kg  **STARTGEWICHT** → 1.250 kg
**REICHWEITE** → 1.075 km

# Sikorsky S-38

Das amerikanische Amphibienflugzeug S-38 hatte seinen Erstflug im Juni 1928, im Oktober 1928 wurde es in Dienst gestellt. Insgesamt sollen etwa 120 Maschinen gebaut worden sein. Die beiden Pratt & Whitney R-1340 Triebwerke mit je 400 PS sind an den Streben unter den Tragflächen angebracht. Ausgelegt ist die S-38 für zwei Besatzungsmitglieder und zehn Passagiere. Es wurden drei Varianten entwickelt: Die Typen S-38 A, B und C. Bei der hier abgebildeten handelt es sich um die S-38C, die mit kleineren Treibstofftanks und zwei zusätzlichen Sitzen angeboten wurde.

**HÖCHSTGESCHWINDIGKEIT** → 192 km/h
**LÄNGE** → 12,27 m  **HÖHE** → 4,22 m  **SPANNWEITE** → 21,85 m
**LEERGEWICHT** → 2.727 kg  **STARTGEWICHT** → 4.764 kg
**REICHWEITE** → 1.200 km

Oldtimer Flugzeuge

# Stampe & Vertongen SV-4

Die SV-4 ist ein belgischer Doppeldecker, dessen Erstflug im Mai 1933 stattfand. Es handelt sich um ein Schulungsflugzeug für die Piloten-Grundausbildung. Es sollen rund 1.000 Exemplare für die französische und für die belgische Luftwaffe gebaut worden sein. Als Triebwerke standen der luftgekühlte Vierzylindermotor de Havilland Gipsy Major 10 mit 145 PS Startleistung oder die Renault-Typen PO3 und PO5, die ebenfalls 145 PS leisteten, zur Verfügung.

HÖCHSTGESCHWINDIGKEIT → 275 km/h
LÄNGE → 6,90 m  HÖHE → 2,60 m  SPANNWEITE → 8,40 m
LEERGEWICHT → 505 kg  MAXIMALES STARTGEWICHT → 780-825 kg
REICHWEITE → 450 km

Die blaue Maschine unten ist eine SV-4A

# Super Constellation

Die Super Consteallation ist ein amerikanisches Langstreckenverkehrsflugzeug von Lockheed, das seinen Erstflug im Oktober 1950 startete. Anschließend wurden in der Zeit von 1951 bis 1958 insgesamt 579 Exemplare gebaut. Der damalige Kanzler Adenauer flog 1955 zu Verhandlungen nach Moskau mit zwei Super Constellations. Eine der beiden steht heute im Flugzeugmuseum Hermeskeil. Das viermotorige Verkehrsflugzeug wurde auch für militärische Zwecke verwendet. Die Besatzung bestand aus vier bis zehn Personen, hinzu kamen 76 bis 99 Passagiere. Von der Super Constellation wurden im Verlauf der Bauzeit mehrere Varianten angeboten. Die Daten beziehen sich auf den Typ L-1049G. Eingebaut sind vier luftgekühlte Turbo-Compound-18-Zylinder-Doppelsternmotoren von Curtiss-Wright mit jeweils 55 Liter Hubraum und 3.250 PS.

**REISEGESCHWINDIGKEIT** → 482 km/h
**LÄNGE** → 34,60 m  **HÖHE** → 7,55 m  **SPANNWEITE** → 37,50 m
**LEERGEWICHT** → 31.298 kg  **MAXIMALES STARTGEWICHT** → 62.370 kg
**REICHWEITE** → 6.486 km

# Supermarine Spitfire

Die Spitfire war das bekannteste britische Jagdflugzeug im Zweiten Weltkrieg. Ausgezeichnete Konstruktion, langsamer als die Me 109, aber wendiger. Bekannt wurde der Tiefdecker unter anderem durch die Luftschlacht um England. Der Erstflug datiert auf den 6. März 1936, die Indienststellung folgte im August 1938 und die Produktionszeit verlief von 1938 bis 1948. Insgesamt sollen 20.351 Feuerspucker gebaut worden sein. Es gibt 24 Varianten der Spitfire, die Daten beziehen sich auf den Typ Mk. IX. Der Rolls-Royce Merlin 63 Motor leistet 1.650 PS.

**HÖCHSTGESCHWINDIGKEIT** → 656 km/h in 7.600 m Höhe
**LÄNGE** → 9,46 m  **SPANNWEITE** → 11,22 m
**MAXIMALES STARTGEWICHT** → 4.309 kg
**REICHWEITE** → etwa 1.500 km mit 90-Gallonen-Zusatztank

Oldtimer Flugzeuge

# Udet U-12 Flamingo

Die Flamingo war in den 1920er- und 1930er Jahren ein beliebtes deutsches Sport- und Trainingsflugzeug. Der Erstflug fand 1925 statt, mit im Cockpit saß der Namensgeber und populäre Weltkrieg I Pilot Ernst Udet. Von dem Doppeldecker in Holzbauweise wurden etwa 240 Exemplare gebaut, davon etwa 30 bei Udet Flugzeugbau in Ramersdorf und 150 als BFW U 12 bei den Bayerischen Flugzeugwerken in Augsburg. Die anderen entstanden als Lizenzbauten im Ausland. Als Antriebsquelle diente zunächst der 7-Zylinder-Sternmotor Siemens-Halske Sh-11 mit 95 PS, später wurde der 9-Zylinder-Sternmotor Sh-12 mit 125 PS eingebaut.

HÖCHSTGESCHWINDIGKEIT → 140 km/h
LÄNGE → 7,40 m  HÖHE → 2,80m  SPANNWEITE → 10,00 m
LEERGEWICHT → 525 kg  STARTGEWICHT → 800 kg
REICHWEITE → 450 km

## Weitere Bücher unseres Verlages

Fordern Sie unser Gesamtverzeichnis an, das wir Ihnen kostenlos und unverbindlich liefern mit Büchern über Autos, Motorräder, Lastwagen, Schwertransporte, Mobilkrane, Baumaschinen, Traktoren, Forstfahrzeuge, Flugzeuge, Feuerwehrfahrzeuge und Lokomotiven:

Verlag Podszun Motorbücher GmbH
Elisabethstraße 23–25, 59929 Brilon
Telefon 02961-5 32 13, Fax 02961-9639900
Email info@podszun-verlag.de
www.podszun-verlag.de

Die schönsten Fotos der heute oft schon legendären Automobile. Alle Pkw der Epoche, mit den relevanten technischen Daten.
180 Seiten, 470 Abbildungen
28 x 21 cm, fester Einband
978-3-86133-684-6  EUR 29,90

Airlines von A–Z, Flugzeugtypen vom Propeller- über den Turboprop- bis zum Düsenantrieb seit der 1970er Jahre.
174 Seiten, 390 Abbildungen
28 x 21 cm, fester Einband
978-3-86133-824-6  EUR 29,90

Das Kultbuch für alle VW-Fans mit bisher unveröffentlichten Fotos, die größtenteils aus privaten Archiven stammen.
128 Seiten, 360 Abbildungen
28 x 21 cm, fester Einband
978-3-86133-452-1  EUR 19,90

Für Kinder ab etwa 10 Jahren und alle Erwachsenen, die in Sachen Feuerwehrfahrzeuge richtig gut Bescheid wissen wollen.
80 Seiten, 200 Abbildungen
28 x 21 cm, fester Einband
978-3-86133-678-5  EUR 14,90

Die ELW, die vom Pkw bis zum tonnenschweren Lkw reichen. Mit ausführlichem historischen Teil. Faszinierende Bilder.
180 Seiten, 480 Abbildungen
28 x 21 cm, fester Einband
978-3-86133-772-0  EUR 29,90

Einzigartig waren die 70 Kranwagen, die von 1958 bis 1976 gebaut wurden. Fast alle sind hier umfassend dokumentiert.
340 Seiten, 950 Abbildungen
28 x 21 cm, fester Einband
978-3-86133-829-1  EUR 49,90

Erstklassige Fotografien von den Fahrzeugen der Düsseldorfer Feuerwehren, die komplett und umfassend dargestellt werden.
320 Seiten, 910 Abbildungen
28 x 21 cm, fester Einband
978-3-86133-827-7  EUR 49,90

Hier sind die Fahrzeuge aller Rettungsdienste und Hilfsorganisationen in Düsseldorf erstmalig dokumentiert.
260 Seiten, 650 Abbildungen
28 x 21 cm, fester Einband
978-3-86133-854-3  EUR 39,90

Einmalige Dokumentation der Fahrzeuge und der Unternehmen. Die Abschleppwagen werden von allen Seiten gezeigt.
296 Seiten, 1000 Abbildungen
28 x 21 cm, fester Einband
978-3-86133-537-8  EUR 39,90

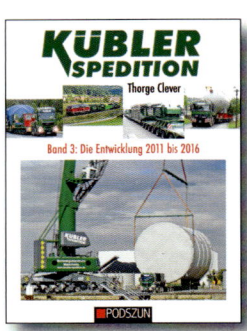

Im 3. Band von Thorge Clever geht es um Transporte von 2011–2016, um das Hafenterminal, den neuen Eisenbahntieflader usw.
270 Seiten, 620 Abbildungen
28 x 21 cm, fester Einband
978-3-86133-841-3  EUR 39,90

Die Geschichte des Unternehmens, die Person Heiner Schütz, dessen Errungenschaften und der Fuhrpark und die Transporte.
240 Seiten, 650 Abbildungen
28 x 21 cm, fester Einband
978-3-86133-855-0  EUR 39,90

Die Autoren setzen interessante und meist neue Fahrzeuge in bewährter Weise mit faszinierenden Aufnahmen in Szene.
174 Seiten, 420 Abbildungen
28 x 21 cm, fester Einband
978-3-86133-840-6  EUR 29,90

Hunderte hochinteressante Ladekranfahrzeuge auf Baustellen, bei Transportunternehmen und beim THW.
170 Seiten, 440 Abbildungen
28 x 21 cm, fester Einband
978-3-86133-828-4  EUR 29,90

Der Unimog als Helfer der Forstbetriebe. Im ersten Band geht es um die Holzrückung. Mit höchst seltenen Fotografien.

144 Seiten, 340 Abbildungen
28 x 21 cm, fester Einband
978-3-86133-830-7    EUR 24,90

Im zweiten Band geht es um den Wegebau und viele andere Arbeiten, die der Unimog bei Forstbetrieben erledigt.

144 Seiten, 355 Abbildungen
28 x 21 cm, fester Einband
978-3-86133-856-7    EUR 24,90

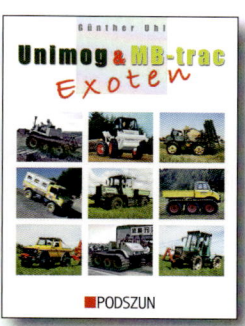
Die Umbauten der beliebten Mercedes-Benz-Gefährte aus privater Hand und von Firmen ab den fünfziger Jahren.

176 Seiten, 480 Abbildungen
28 x 21 cm, fester Einband
978-3-86133-613-6    EUR 29,90

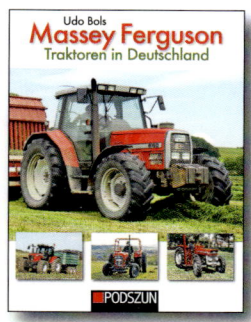
Alle Traktoren, die in Deutschland von MF angeboten wurden: Vom FE 35 mit 35 PS bis zum MF 8700 mit bis zu 400 PS.

170 Seiten, 420 Abbildungen
28 x 21 cm, fester Einband
978-3-86133-808-6    EUR 29,90

Ein Rückblick in die Welt der Sechszylindertraktoren der bekanntesten Hersteller aus den 60er, 70er und 80er Jahren.

170 Seiten, 450 Abbildungen
28 x 21 cm, fester Einband
978-3-86133-839-0    EUR 29,90

Die Entwicklung des Traktorenbaus bei Fendt in einer außergewöhnlichen Bilderschau mit allen Typen und Daten.

180 Seiten, 470 Abbildungen
28 x 21 cm, fester Einband
978-3-86133-773-7    EUR 29,90

Muldenkipper aller Art im Erd- und Tiefbau, umfassend erläutert. Mit einzigartigen Einsatz-Abbildungen.

192 Seiten, 405 Abbildungen
28 x 21 cm, fester Einband
978-3-86133-327-2    EUR 34,90

Muldenkipper, Tieflader, Ladekranfahrzeuge, Geräteträger, Traktoren und Spezialfahrzeuge aller Art. Einmalige Fotografien.

260 Seiten, 620 Abbildungen
28 x 21 cm, fester Einband
978-3-86133-826-0    EUR 39,90

Wolfgang Weinbach präsentiert in diesem Buch abgeschlossene Autokran- und Schwerlast-Geschichten von vor rund 50 Jahren.

160 Seiten, 480 Abbildungen
28 x 21 cm, fester Einband
978-3-86133-831-4    EUR 29,90

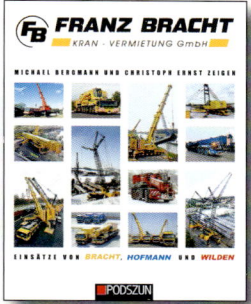
Gigantische Aufnahmen von alltäglichen und spektakulären Einsätzen von Bracht, Hofmann und Wilden.

320 Seiten, 790 Abbildungen
32 x 22 cm, fester Einband
978-3-86133-790-4    EUR 49,90

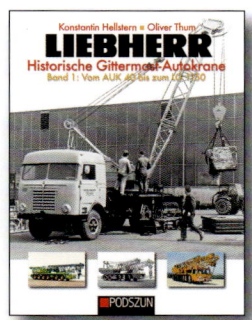
Im ersten Band werden die Krane vom AUK 40 bis zum LG 1150 präsentiert, gebaut von Anfang der 1950er bis Mitte der 1990er Jahre.

128 Seiten, 320 Abbildungen
28 x 21 cm, fester Einband
978-3-86133-810-9    EUR 24,90

Im zweiten Band geht es um die Krane vom LG 1180 bis zum LG 1650, gebaut von Anfang der 1970er bis Mitte der 1990er Jahre.

136 Seiten, 330 Abbildungen
28 x 21 cm, fester Einband
978-3-86133-813-0    EUR 24,90

Die Geschichte der deutschen Eisenbahn von den Anfängen bis zur Gegenwart. Seltene Fotografien aus 175 Jahren.

136 Seiten, 305 Abbildungen
28 x 21 cm, fester Einband
978-3-86133-556-6    EUR 19,90

Die Geschichte der BMW-Motorräder aus 90 Jahren. Alle Typen mit technischen Daten und faszinierenden Fotografien.

144 Seiten, 320 Abbildungen
28 x 21 cm, fester Einband
978-3-86133-638-9    EUR 24,90

Die Geschichte legendärer deutscher Rennmotorräder, die in den letzten sechs Jahrzehnten für Furore sorgten.

144 Seiten, 320 Abbildungen
28 x 21 cm, fester Einband
978-3-86133-648-8    EUR 24,90